Beck-Wirtschaftsberater

# Wie Sie andere für sich gewinnen



dtv

Beck-Wirtschaftsberater

# Wie Sie andere für sich gewinnen

## Die Kunst der Gesprächsführung

von Prof. Dr. habil. Christian-Rainer Weisbach

Deutscher Taschenbuch Verlag

Im Internet:

**dtv.de**

**beck.de**

**Originalausgabe**
Deutscher Taschenbuch Verlag GmbH & Co. KG,
Friedrichstraße 1a, 80801 München

Druck und Bindung: Druckerei C. H. Beck, Nördlingen
(Adresse der Druckerei: Wilhelmstraße 9, 80801 München)
Satz: Hoffmanns Text Office, München
Umschlaggestaltung: Agentur 42 (Fuhr & Partner), Mainz,
unter Verwendung eines Fotos von pjunger design, Tübingen
ISBN 978-3-423-50916-9 (dtv)
ISBN 978-3-406-56496-3 (C. H. Beck)

# Vorwort

Dieses Buch entstand aufgrund hartnäckigen Drängens vieler Seminarteilnehmer und Leser, die mir glaubhaft versicherten, dass ihnen die „Professionelle Gesprächsführung" mit über 450 Seiten einfach zu dick sei.

Auch nach 25 Jahren permanenter Beschäftigung mit der Gesprächsführung bin ich immer wieder erstaunt, neue Facetten zu entdecken, um sie umgehend auf ihre Tauglichkeit hin zu untersuchen. Die Folge ist in der Tat ein mit jeder Auflage dicker werdendes Buch. Darum ist der Wunsch nach einer „abgespeckten" Version für den interessierten Einsteiger legitim, zumal das Standardwerk in der 7. Auflage noch umfangreicher ausfällt.

Dem Anliegen folgend habe ich mich beim Schreiben dieses Buches auf die wesentlichen Bausteine guter Gesprächsführung beschränkt. Auf alle Übungen und weiterführenden Details wurde verzichtet. Gemäß dem Titel **– andere gewinnen –** geht es vorrangig um die Frage, wie die Beziehung zum Gegenüber so gestaltet werden kann, dass beide gewinnen. Dabei lautet der springende Punkt: Wie **wertschätzend** gehen wir bei der Verfolgung unserer Ziele mit dem jeweiligen Gegenüber um.

Wer seine Gesprächsführung optimieren möchte und Bedarf nach gezieltem Üben verspürt, dem wird nach der Lektüre dieses Buches die „Professionelle Gesprächsführung" eine willkommene Vertiefung sein.

Besonders danken möchte ich meiner Tochter Hannah für ihre redaktionelle Hilfe.

Tübingen, im Sommer 2007 *Christian-Rainer Weisbach*

www.professionelle-gespraechsfuehrung.com
Christian-Rainer.Weisbach@uni-tuebingen.de

# Inhaltsverzeichnis

# 1. Die Gewinnformel

In diesem Kapitel erfahren Sie, warum wir manchmal – trotz bester Absicht – bei unseren Gesprächspartnern auf Ablehnung stoßen. Sie lernen die Bedeutung von inneren Bildern kennen und was dazu beiträgt, dass der andere seine Bilder festhält oder aber ändert und loslässt. Sie erfahren, was dazu führt, dass Menschen sich ernst genommen fühlen und wodurch wir – meist unabsichtlich – andere vor den Kopf stoßen. Dabei erkennen Sie den Unterschied zwischen Frage- und Aussagesätzen. Die Erklärungen dieses Kapitels münden in eine Formel, die nachvollziehbar macht, wie Sie Ihren Gesprächserfolg steuern können.

Bei der Verfolgung unserer Ziele und Absichten benötigen wir in den allermeisten Fällen andere Menschen. Mal brauchen wir Hilfe, mal Zuspruch oder Bestätigung, mal Anteilnahme oder einfach nur Gesellschaft. Stets geht es um die Frage: Wie wir den anderen für unsere Ziele gewinnen können oder im besten Fall, wie wir es anstellen müssen, dass sich der andere unsere Absichten zu eigen macht.

Solange sich unsere Ziele mit den Wünschen unseres Gegenübers decken, herrscht Harmonie. Bildlich sieht das dann so aus:

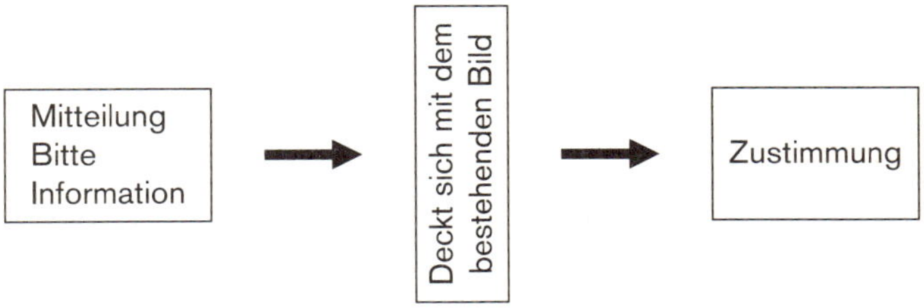


Doch wann tritt dieser Fall schon ein? Der Regelfall sieht ganz anders aus: Weil sich das, was wir vom anderen wollen, oder was wir ihm vorschlagen, oder auch nur anbieten ganz und gar nicht in das **Bild** passt, das sich unser Gegenüber bislang zu diesem Sachverhalt gemacht hat, stoßen wir auf Ablehnung. Bei schwierigen Themen mag das sofort einleuchten, es gilt aber auch bei so etwas Harmlosen wie dem Vorschlag nach einem gemeinsamen Kinobesuch. Hat unser Gegenüber von diesem Abend ein ganz anderes Bild, kommt unsere Anfrage unvermittelt. Sie deckt sich auch nicht mit seiner momentanen Vorstellung. Im besten Fall wird er neugierig und stellt uns Fragen, auf die wir eingehen können. Haben wir Glück, führen unsere Antworten in eine Zustimmung. Darum ergänze ich das vorangegangene Bild:

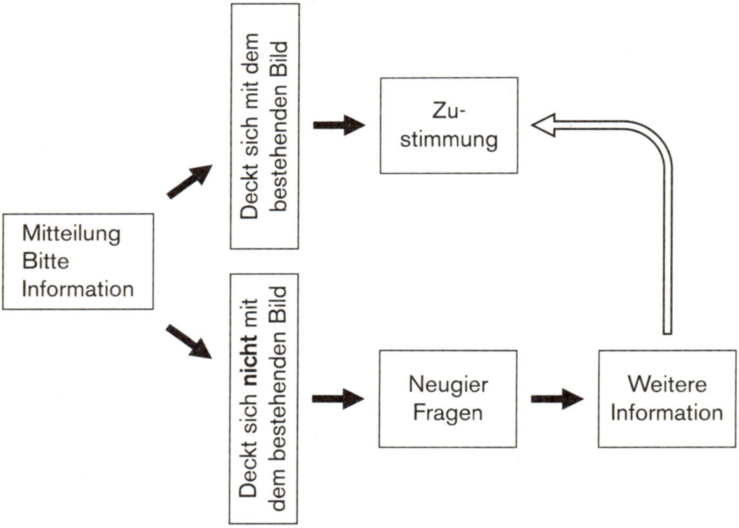


Die nachgereichten Informationen helfen dem Gesprächspartner **sein Bild zu ändern** und eine Übereinstimmung herzustellen. Das hört sich dann beispielsweise bei einem Telefongespräch unter Freunden so an:

„Hast du Lust, heute Abend mit ins Kino zu kommen, es läuft ‚Wie im Himmel'."
„Hmhm. – Ich weiß nicht so recht. Muss das heute Abend sein?"
„Der läuft leider heute Abend zum letzten Mal."
„Ach so. Dann bleibt mir ja gar keine Wahl. Also abgemacht, ich komme mit."

Oft erleben wir, dass wir mit nachgereichten Informationen Zustimmung erzielen. Darum neigen viele Menschen dazu, Informationen nachzureichen, auch wenn sie gar nicht darum gebeten wurden. Besonders häufig lässt sich dieses Verhalten im Umgang mit Ablehnung beobachten:

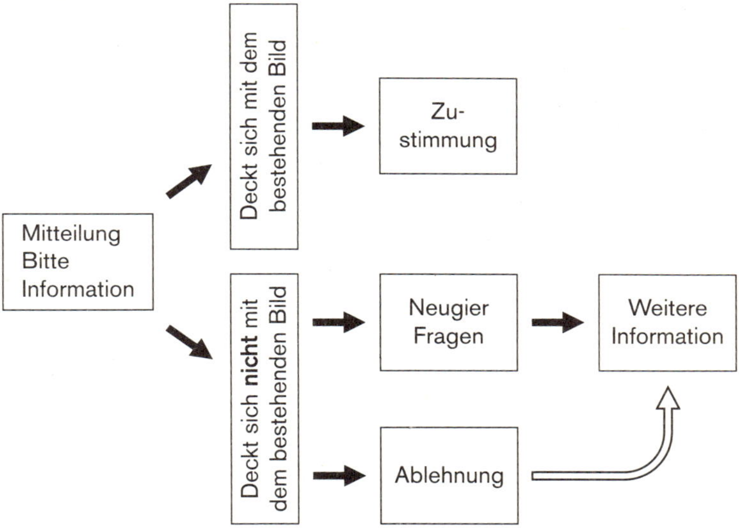


Das hat jedoch Konsequenzen. Der Gesprächspartner spürt, dass er sein Bild ändern **soll**. Das führt in den allermeisten Fällen dazu, dass ihm viele, gute Gründe einfallen, warum er eben nicht will.

„Hast du Lust, heute Abend mit ins Kino zu kommen, es läuft ‚Wie im Himmel'."
„Ausgerechnet heute Abend, ich weiß nicht, also das passt mir gerade gar nicht."
„Du, der läuft heute Abend zum letzten Mal, das ist also die einzige Chance."
„Nee du, ich fühl' mich heute nicht so gut, ich habe irgendwie Kopfschmerzen."
„Na dann ist Kino doch ideal, du wirst sehen, nachher fühlst du dich gleich besser."

„Im Gegenteil, bei Kopfschmerzen hilft ein Glas Rotwein und Beine hochlegen. Am besten gehst du allein."

Kennen Sie solche Gespräche? Nun könnte man einfach sagen: „dumm gelaufen". Hinter diesem unscheinbaren Dialog steckt jedoch mehr: Die freundliche Anfrage nach einem Kinobesuch trifft den Gesprächspartner - wie so oft - völlig unvermittelt. Stellen wir uns vor, dieser hatte sich auf einen ruhigen Abend daheim eingestellt und wollte einfach nur ausspannen. Ohne sich mit der neuen Situation vertraut machen zu können, wird von ihm eine Entscheidung erwartet. Innerhalb weniger Sekunden soll er sich möglichst positiv entscheiden.

Um zu verstehen, warum solche Gespräche in aller Regel erfolglos verlaufen, betrachten wir, was währenddessen im Gehirn abläuft:

Da gibt es zum einen das bisherige Bild, das nicht nur vertraut ist, sondern auch Sicherheit gibt, nach dem Motto: Da weiß ich, was ich habe. Auf der anderen Seite erscheint ein noch unklares Bild von einem Kinobesuch, aus dem sich noch keineswegs ein vielversprechender Abend ableiten lässt. Was liegt da näher, als zunächst einmal **am bekannten Bild festzuhalten** und die Konfrontation mit einer erwarteten Änderung durch ein schlichtes „Nein" abzuwehren. Dieses eher spontane „Nein" lautete im Beispiel wörtlich „Ich weiß nicht".

Statt jedoch auf den Gesprächspartner einzugehen, – der schließlich für den gemeinsamen Kinobesuch gewonnen werden soll, – folgt im Beispiel eine klassische Einwandbehandlung durch sachliche Argumentation. Im Unterschied zum ersten Beispiel soll sich der andere hier mit einer **ungebetenen Erklärung** auseinandersetzen. Zwar mag das Argument selbst sachlich richtig sein, doch es geht an der ablehnenden Befindlichkeit des Gesprächspartners völlig vorbei. Prompt erwidert dieser höchst subjektiv und emotional: „Ich fühl' mich heut nicht so gut". Anstatt sich jedoch mit dem Gegenüber zu befassen, wird auf diesen schließlich rat-schlagend eingegangen. So überrascht es kaum, dass sich der Gesprächspartner auf sein vertrautes Bild zurückzieht. Er zieht es vor, den Abend entspannt daheim zu verbringen, statt sich von jemandem für einen Kinobesuch überreden zu lassen, dem es schwer fällt, ihn ernst zu nehmen und auf ihn einzugehen.

Mancher Leser mag einwenden, dass ich dieses harmlose Beispiel höchst spitzfindig auseinandergenommen habe und viel zu viel in dieses kurze Gespräch hineininterpretiere. Sollten Sie, lieber Leser, sich gerade angesprochen fühlen, dann liegt zwischen uns genau die gleiche Situation vor: Ihr Bild von „richtiger" Gesprächsführung deckt sich überhaupt nicht mit dem, was Sie hier gerade lesen. Meine Chancen, Sie dennoch für mein Konzept einer „wertschätzenden Gesprächsführung" zu gewinnen, stehen ausgesprochen schlecht. Falls ich versuchen wollte, Ihnen mit wissenschaftlichen Beweisen die Richtigkeit meiner Aussagen zu belegen, werde ich kaum etwas bewegen. Schließlich ist Ihnen die Art und Weise, wie Sie mit Gesprächen Ihre Ziele verfolgen, bereits zeitlebens vertraut. Und das, was Ihnen vertraut ist, gibt Ihnen auch Sicherheit. Warum sollten Sie diese Sicherheit freiwillig aufgeben?

Ich könnte mich nun darauf besinnen, dass die Leser das Buch ja zur Hand genommen haben, weil sie etwas wissen möchten. Diese offensichtliche Neugier ließe sich durch fundierte Informationen befriedigen. Damit mache ich es mir aber zu einfach. Denn wer bereits unwirsch denkt: „Das ist doch spitzfindig." – „Haarspalterei" oder gar „so ein Schmarrn", der ist alles andere als neugierig oder gar wissensdurstig. Die einzige Möglichkeit, den ablehnenden Leser zu gewinnen, besteht für mich darin, anzuerkennen, dass es gute Gründe für sein Bild einer „richtigen" Gesprächsführung gibt. Die Ablehnung des anderen hält mich bei der Verfolgung meiner Ziele auf. Zustimmung wäre natürlich viel einfacher. Doch gewinnen kann ich nur, wenn ich ihn ernst nehme. Darum muss ich versuchen zu verstehen, was ihn in diesem Moment so ablehnend reagieren lässt. Dazu muss ich die direkte Verfolgung meiner Ziele zurückstellen und mich **am anderen orientieren**.

Bevor Missverständnisse aufkommen: Das heißt keineswegs, jedes spontane Nein einfach hinzunehmen. Im Gegenteil, denn wer die spontane Ablehnung einfach nur schluckt, zeigt lediglich, dass er bereit ist, sich mit dem Nein abzufinden. Ein Nein zu dulden, ist ja kein Ausdruck von Respekt oder Wertschätzung. Ein Nein anzuerkennen, bedeutet sehr viel mehr, nämlich ernsthaft verstehen zu wollen, woraus denn diese Ablehnung resultiert.

Ich komme noch einmal auf den Gedanken zurück:

> Was uns vertraut ist, gibt uns **Sicherheit** und umgekehrt: was uns nicht vertraut ist, trägt kaum zu unserer Sicherheit bei, im Gegenteil, es kann uns verwirren.

Diese Erfahrung machen Sie beispielsweise bei jedem Lernen. Es ist jedoch ein großer Unterschied, ob der Lernwunsch von Ihnen selbst ausgeht, Sie sich also freiwillig auf Neues und Fremdes einlassen, oder ob andere erwarten, dass Sie sich einem Lernstoff zuwenden sollen. Wollen Sie lernen, wird Ihnen das Neue und Unvertraute um so leichter geläufig, je größer die Sicherheit ist, dass Sie Fehler machen dürfen bzw. sich selbst diese zubilligen. Wer beim Lernen keine Fehler machen darf, hütet sich. Bei manch einem führt dieses auf der Hut sein, also sich vor Fehlern zu schützen, schnell zu einem allgemeinen Rückzug vom Lernen. Bei Schülern nennt man das dann Lernverweigerung und bei Erwachsenen finden wir die betonte Zuwendung zu dem, was man sicher beherrscht. Den Gipfel findet diese Haltung in dem Spruch: „Das haben wir schon immer so gemacht, das haben wir noch nie anders gemacht, da könnte ja jeder kommen." Was uns zunächst als Flucht ins „Nein" erscheint, entpuppt sich vor diesem Hintergrund als wirksame Strategie zur Risikominimierung. Wenn wir diesen Gedanken verallgemeinern, heißt das:

> Ein spontanes „Nein" kann aus dem Wunsch resultieren, die eigene, momentane Sicherheit zu bewahren und die vertrauten Vorstellungen zu erhalten.

Es leuchtet ein, dass wir diesem **Wunsch nach Sicherheit** kaum gerecht werden, wenn wir Informationen nachreichen, um die uns der andere überhaupt nicht gebeten hat.

„Der Wurm soll dem Fisch und nicht dem Angler schmecken." Hinter diesem banalen Bonmot verbirgt sich die **Orientierung am Gegenüber**. Was für den Angler selbstverständlich gilt, wird in vielen Gesprächen sträflich vernachlässigt. Würde der Angler an seine persönliche Vorliebe denken, wird der Fisch womöglich mit Sahnetorte geködert.

Nun können Sie fragen: Aber wie finde ich heraus, was dem anderen schmeckt oder eben nicht schmeckt? Um das zu erfassen, gilt es, den anderen zum Reden zu bringen. Statt also selbst zu reden und mit Argumenten aufzuwarten, ist **Zuhören** angesagt, damit der andere Gelegenheit hat, seine Position zu erklären. Im Idealfall können wir nachvollziehen, was den anderen zu seiner Ablehnung gebracht hat. Oder wir erfahren, was dem anderen fehlt, um zustimmen zu können. Im Beispiel könnte es auch so weitergehen:

„Hast du Lust, heute Abend mit ins Kino zu kommen, es läuft ‚Wie im Himmel'."
„Ausgerechnet heute Abend, ich weiß nicht, also das passt mir gerade gar nicht."
„Du klingst unschlüssig und bist von meinem Vorschlag nicht recht begeistert."
„Stimmt, ich hatte mich eigentlich auf einen ruhigen Abend zu Hause gefreut und gerade eine Flasche Rotwein entkorkt."
„Dann komme ich mit meiner Anfrage in der Tat unpassend."
„Vielleicht können wir uns den Film ja morgen ansehen, da habe ich Zeit."
„Der läuft leider nur noch heute Abend."
„Ach, wie blöd. – Dann muss ich ja jetzt eine Entscheidung treffen."
„Das setzt dich gerade unter Druck. Vielleicht möchtest du dir das einfach in Ruhe überlegen."
„Genau. Du weißt, ich bin kein Freund von plötzlichen Veränderungen. – Aber mir kommt da eine Idee: Ich komme mit und nach dem Film trinken wir noch gemeinsam meinen Rotwein."

Ich gebe zu, mit diesem harmonischen Schluss provoziere ich erneut manche Leser, die womöglich kopfschüttelnd denken: ‚Da macht es sich der Weisbach aber verteufelt einfach. Im richtigen Leben läuft das ganz anders.' Stimmt, möchte ich spontan erwidern. Wer schafft es auch, sich so am anderen zu orientieren, wenn er unversehens mit seinem gutgemeinten Kinovorschlag baden geht.

Genau an dieser Stelle setzt die **Kunst der Gesprächsführung** ein. Sobald die Reaktion des Gesprächspartners so gar nicht unseren Erwartungen entspricht, sind wir gefordert. Denn unser Gegenüber möchte **immer** ernst genommen werden und fordert darum zurecht, dass wir auf das eingehen, was er gerade äußert.

Doch viele Menschen neigen im Moment des Widerspruchs dazu, ausschließlich ihren eigenen Standpunkt voranzubringen. Das ist auch nicht weiter verwunderlich, wurde uns allen doch in Schule und Ausbildung beigebracht, den Gesetzen der Logik zu vertrauen. Dort wird großer Wert auf die logische Begründung bzw. Widerlegung eines Sachverhalts gelegt. Naturwissenschaftlich betrachtet darf die emotionale Befindlichkeit der Beteiligten keinen Einfluss auf die Ergebnisse haben. Wer daran gewöhnt wird, ausschließlich auf die **Logik** zu vertrauen, setzt verständlicherweise in der Auseinandersetzung mit Menschen auf die **Macht der Argumente.** Im Vertrauen auf die Qualität der eigenen Argumente gerät der Gesprächspartner allerdings aus dem Blick. Schnell kann es nur noch darum gehen, recht zu behalten. Wer argumentiert, will ja den Standpunkt seines Gesprächspartners ernsthaft erschüttern, um dem eigenen Standpunkt Geltung zu verschaffen. So gerät die Auseinandersetzung zu einer Frage von Sieg und Niederlage. In der Konsequenz bedeutet dies aber:

> Wer argumentiert, verliert.

Wer sich auf die eigenen Argumente konzentriert, verliert den anderen buchstäblich aus den Augen. Die Argumente und Begründungen mögen noch so gut sein, solange der Gesprächspartner nicht bereit ist zu verlieren, wird auch der überzeugendste Appell an die Vernunft bei ihm auf taube Ohren stoßen. Fühlt er sich und seinen Standpunkt angegriffen, wird er alles tun, um seine **Sicherheit zu bewahren**. Darum wird er eher die Flucht antreten, als uns zuzuhören, geschweige denn sich bemühen, unseren Standpunkt ernsthaft zu verstehen.

Sobald zwei oder mehr Menschen daran gehen, im Gespräch ihre Ziele zu verfolgen, liegt keine naturwissenschaftliche Situation vor. Darum unterliegt die Argumentation im Gespräch völlig anderen Gesetzmäßigkeiten als die wissenschaftliche Beweisführung. Im Mittelpunkt steht nicht die Richtigkeit der jeweiligen Aussage, sondern welche **emotionale Bedeutung** sie für die Beteiligten hat.

> Die Logik orientiert sich am Sachverhalt.
> Die Psycho-Logik an der emotionalen Bedeutung.

Betrachten wir noch einmal die unterschiedlichen Reaktionen.

„Ausgerechnet heute Abend, ich weiß nicht, also das passt mir gerade gar nicht."
„Du, der läuft heute Abend zum letzten Mal, das ist also die einzige Chance."

Untersuchen wir die emotionale Bedeutung dieser Reaktion: Die Aussage setzt – unabhängig von ihrer sachlichen Richtigkeit – den Angerufenen unter Entscheidungsdruck. Gleichzeitig erlebt er, dass seine Unlust nicht ernst genommen wird. Es liegt nahe, sich diesen beiden eher unangenehmen Gefühlen zu entziehen. So wird aus dem spontanen Nein bewusste Ablehnung. Es würde grotesk klingen und eine gehörige Portion professioneller Distanz voraussetzen, wenn der Angerufene erwidert:

„Du ich merke gerade, dass mich dein Anruf unter Entscheidungsdruck setzt und gleichzeitig fühle ich mich in meinem Zögern von dir wenig akzeptiert."

Betrachten wir noch einmal den Anrufer im zweiten Beispiel:

„Du klingst unschlüssig und bist von meinem Vorschlag nicht recht begeistert."

Die Wirksamkeit dieser Erwiderung liegt darin, dass die Aussage als **emotional stimmig** wahrgenommen wird, was ja auch prompt zum Ausdruck gebracht wird („Stimmt"). Dadurch, dass sich der Angerufene trotz seiner geäußerten Unlust ernst genommen fühlt, kann er ungezwungen erklären, was ihm im Moment wichtig ist. Interessanterweise neigen die meisten Menschen dazu, sich **unaufgefordert zu erklären**, wenn sie wahrnehmen, dass jemand sie verstehen will. Gibt es eine bessere Möglichkeit miteinander das Gespräch fortzusetzen?

Weil diese Vorgehensweise für viele Menschen ungewohnt ist, will ich sie noch etwas ausführlicher erläutern: Üblicherweise greifen wir zur **Frage**, um ein Gespräch zu vertiefen. Die erfragte Antwort soll uns helfen, den anderen besser zu verstehen. Doch leider erreichen wir eher das Gegenteil: Der Befragte spürt **Druck, sich erklären zu müssen**. Dabei kann es leicht passieren, dass die Antwort geschönt wird, um in einem guten Licht zu erscheinen.

„Ausgerechnet heute Abend, ich weiß nicht, also das passt mir gerade gar nicht."
„Warum passt dir das denn nicht?"
„Weil ich für heute Abend schon etwas anderes geplant habe."

Aber auch die so gelungene Äußerung von Seite 7 erhält einen ganz anderen Unterton, wenn ich sie in eine **Frage** umformuliere:

„Ausgerechnet heute Abend, ich weiß nicht, also das passt mir gerade gar nicht."
„Bist du unschlüssig?"
„Nein, damit hat das nichts zu tun. Ich erwarte aber nachher noch einen wichtigen Anruf." Usw.

Obwohl die **Frage** auf den Gesprächspartner eingeht, wird er genötigt, sich zu erklären. Ein **Aussagesatz** hingegen beinhaltet eine simple Feststellung. Gleichzeitig vermittelt die Form dieses Satzes: Es ist das Normalste von der Welt, sich so zu fühlen, wie dem Gegenüber nun mal zumute ist. Mit ruhiger Selbstverständlichkeit vermitteln Sie Ihrem Gegenüber, dass genau das, was er gerade äußert - sei es Kritik, Zweifel oder auch Ärger - seine Berechtigung hat. Indem Sie sich bemühen, ihn zu verstehen, gestalten Sie die Beziehung positiv. Diese **akzeptierende Haltung** löst im Gesprächspartner das Bedürfnis aus, sich zu erklären. Und dafür bedarf es erstaunlicherweise keiner Fragen.

> Ein Aussagesatz, der aus einer grundsätzlich **akzeptierenden Grundhaltung** heraus kommt, wird geradezu im Tonfall der Beiläufigkeit formuliert. Der Gesprächspartner erfährt auf diese Weise, dass seine Äußerung nicht nur gehört wurde, sondern auch ernst genommen wird.

Wer beginnt, vermehrt mit Aussagesätzen zu sprechen, fühlt sich anfangs verständlicherweise unsicher, zu ungewohnt ist dieses Vorgehen. Dabei kann es passieren, dass entgegen aller guten Absicht die Stimme am Ende der Feststellung wie beim Fragesatz nach oben geht. Dann wirkt sie doch noch wie eine Frage mit all den Folgen, die eine Frage mit sich bringt. Denn eine Frage ist nicht nur eine Bitte um Antwort. Mit unserer Redewendung „etwas infrage stellen" wird deutlich, dass eine Frage auch **Zweifel** transportiert. Und genau dieser unausgesprochene Zweifel rüttelt an der Sicherheit des Gesprächspartners. Die folgende Antwort dient dann in erster Linie der **Bewahrung des Selbstbildes**.

„Bist du unschlüssig?"
„Nein, damit hat das nichts zu tun."

Wer will schon zugeben, dass er unschlüssig ist? Folgende Fragen führen zu ganz ähnlichen „Selbstbild-erhaltenden" Antworten:

„Hast du Angst?" - „Ich doch nicht."
„Machst du dir Sorgen?" - „Nein. Wie kommst du denn da drauf?"
„Sind Sie überfordert?" - „Ganz und gar nicht."
„Sind Sie verärgert?" - „Auf keinen Fall."

Mit Aussagesätzen schützen Sie die Sicherheit Ihres Gesprächspartners. Mit den nachfolgenden - unaufgeforderten - Erklärungen, möchte der andere erreichen, dass Sie ihn noch besser verstehen. Was kann Ihnen besseres widerfahren?

Sie können beobachten, dass sich bei vielen die Gesprächsvorbereitung zumeist auf den sachlichen Teil reduziert. Man ist bemüht, in der Materie sattelfest zu sein. Zu recht erwarten Gesprächspartner, dass man auf Nachfragen alle Daten, Hintergründe und Zusatzinformationen zur Hand hat. Doch das reicht keineswegs aus, damit sich der andere verstanden fühlt. Dafür bedarf es einer konsequenten Ausrichtung an dem, was dem Gegenüber wichtig ist.

| |
|---|
| Erst wer die Ziele des anderen ernst nimmt, kann erwarten, dass der andere auch seine ernst nimmt. |

Auch auf die Gefahr hin, dass manche mir einen technokratischen Ansatz vorwerfen, möchte ich Sie mit einer Formel bekannt machen, die uns verstehen lässt, wie wir unseren Erfolg maßgeblich mitbestimmen:

> **E = Z × O**
>
> Dabei steht **E** für Erfolg, **Z** für die eigene Zielklarheit und **O** für die Orientierung am Gegenüber.

Natürlich ist es wichtig, seine eigenen Ziele zu kennen. Sonst gilt die alte Seglerweisheit: Wer nicht weiß, wohin er will, für den ist jeder Wind der richtige.

Die meisten Menschen sind sich ihrer Ziele sehr genau bewusst, sobald Sie andere gewinnen möchten, sich ihren eigenen Absichten anzuschließen.

Der Erfolg unseres zweiten Beispiels geht gegen Null. Das liegt daran, dass der Anrufer zwar sehr genau wusste, wann er mit wem in welchen Film gehen wollte, doch die Orientierung an seinem Gegenüber fiel minimal aus. Und hier hilft uns die einfache Mathematik: 100 × 0 = 0.

Natürlich gilt der umgekehrte Fall ebenso: Wer sich komplett am anderen orientiert und dabei die eigenen Ziele aus den Augen verliert ist ebenso erfolglos: 0 × 100 = 0. Das Nein eines anderen kommentarlos hinzunehmen, mag zwar dem anderen dienlich sein, bei seiner Ablehnung zu bleiben, man gibt aber die eigenen Ziele auf.

Sich am anderen zu orientieren, heißt beileibe nicht, die eigenen Ziele aufzugeben und seine Fahne in den Wind zu hängen. Das letzte Beispiel hat ja gezeigt, dass eine starke Orientierung am anderen durchaus mit der Verfolgung eigener Interessen einhergehen kann. Gemäß **Gewinnformel** können wir bei 100 % Klarheit hinsichtlich der eigenen Ziele und ebensolcher Orientierung am Gegenüber mit einem maximalen Erfolg rechnen:

100 % × 100 % = 1, also **ganzer Erfolg**.

Ist einer der beiden Faktoren kleiner, fällt das Ergebnis entsprechend aus. Beispielsweise ergibt eine 50 % Orientierung am Gegenüber bei 100 % Zielklarheit nur ½. Wobei wir hier noch auf eine sprachliche Feinheit stoßen: Erfolg ist eigentlich nicht teilbar. Zwar kennen wir aus der Umgangssprache die Wendung „halber Erfolg“, aber genau genommen ist das Augenwischerei. Genauso wie eine „halbe Niederlage“ eine Niederlage ist.

Ich will an dieser Stelle das Schaubild für den Fall der Ablehnung ergänzen:

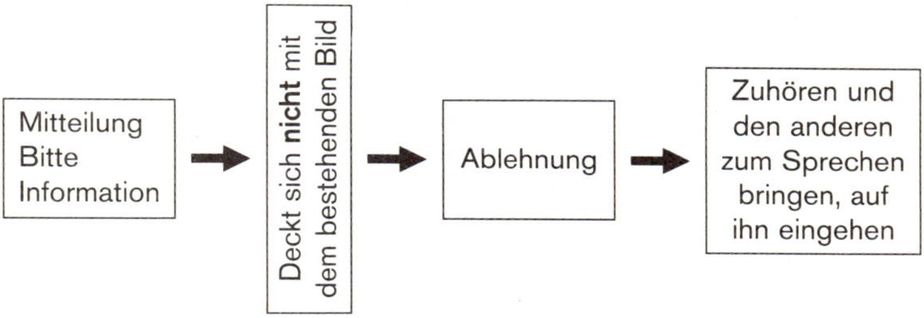


Es leuchtet ein, dass es nicht nur bei Ablehnung hilfreich ist, den Gesprächspartner zum Sprechen zu bringen. Je besser wir nachvollziehen können, wo der andere gerade steht, was ihn bewegt, und welche Ziele er hat, um so eher können wir prüfen, wieweit wir darauf eingehen wollen und können.

Sie teilen vielleicht meine Erfahrung, dass sich viele Menschen auf Gespräche und Verhandlungen - selbst wenn wichtige Entscheidungen anstehen - schlecht oder gar nicht vorbereiten. Daraus ergibt sich eine für Sie nützliche Schlussfolgerung:

> Ihre persönliche Vorbereitung bestimmt ganz wesentlich den Verlauf, die Dauer und das Gesprächsklima. Dies hat Einfluss auf das Ergebnis, von dem Sie sich erhoffen, dass es in Ihrem Sinne ausfällt.

## 2. Die Kunst des Zuhörens

Im vorangegangenen Kapitel hatte ich ausgeführt, dass die meisten Menschen sich unaufgefordert erklären, wenn Sie wahrnehmen, dass ihr Gesprächspartner sich darum bemüht, sie zu verstehen. Im folgenden zeige ich Ihnen verschiedene Möglichkeiten, dieses Bemühen auszudrücken. Wie die Kapitelüberschrift schon erkennen lässt, geht es ums Zuhören. Dabei will ich sechs verschiedene Zuhörarten beschreiben. Sie können sich ein Urteil bilden, worin sich gängige Zuhörpraxis von der Kunst des Zuhörens unterscheidet. Am Ende kennen Sie den Unterschied zwischen **umschreibendem Zuhören**, mit dem Sie Ihr Gegenüber zum Weitersprechen bewegen und dem **aktiven Zuhören,** bei dem Sie dem anderen Ihr emotionales Verständnis zeigen.

Hinter dem Wort „Kommunikationsfähigkeit“, das heute in fast jeder Stellenanzeige steht, steckt mehr als nur die Fähigkeit, sich verständlich machen zu können. Damit ist auch gemeint, einen anderen gut zu verstehen und angemessen auf ihn eingehen zu können. Verstehen und sich verstanden fühlen sind zwei Seiten derselben Medaille. Wir alle wünschen uns Verständnis zu finden und Anteilnahme an unseren Gedanken und Empfindungen zu spüren. Doch wie zeigen wir, dass wir einen anderen verstehen? Dieses Verstehen hat viel mit richtigem Zuhören zu tun. Was dabei als „richtig“ erachtet wird, hängt vom individuellen Ziel, der eigenen Einstellung zum Gesprächspartner und vom Thema ab. Betrachten wir sechs verschiedene Möglichkeiten:

### Den Mund halten

So banal es klingen mag, die einfachste Art den anderen zu Wort kommen zu lassen, besteht darin, selbst den Mund zu halten. Vertrackterweise setzen jedoch viele Menschen das Schweigen ihres Gegenübers bereits mit Zuhören gleich. Den Mund zu halten, erlaubt zwar der Gegenseite zu reden, daraus folgt aber noch lange nicht zwingend ein aufmerksames Zuhören.

Wir alle waren schon versucht, die Sprechzeit unseres Gesprächspartners für unsere eigenen Gedanken zu nutzen und sei es, dass wir uns bereits mit unserer nächsten Äußerung beschäftigt haben. Verhalten sich beide gleich, entstehen die üblichen Unterhaltungen, ohne tiefere Bezugnahme, beispielsweise:

„Heute war vielleicht ein katastrophaler Tag: Das fing schon in der Früh' an, als Jutta Klein von der Leiter fiel und zum Arzt musste. Klar, dass der Alte mich ausgeguckt hat, ihre Arbeit mit zu übernehmen. Doch kaum war ich mitten drin, hatten wir plötzlich 'ne Netzwerkstörung. Im Meeting um 11 fehlte plötzlich Herr Schneider und ich sollte für ihn einspringen. Am Nachmittag kam unerwartet Besuch aus Korea, um den wir uns kümmern sollten. Und zwischendrin rief meine Schwester an, ihre Kinder hätten plötzlich Windpocken."

„Mit so einem Unfall von der Leiter ist nicht zu spaßen. Weil wir im Werk letztes Jahr fünf Arbeitsunfälle hatten, machen die uns die Hölle heiß. Das musst du dir mal vorstellen, in 365 Arbeitstagen bei 232 Mitarbeitern, das sind fast 90.000 Manntage hatten wir nur 5 Arbeitsunfälle. Nebenbei, keiner war wirklich schlimm, - ich glaube die längste Krankschreibung dauerte gerade mal fünf Tage."

„Na ja, je nachdem wie es einen erwischt. Als Kind sind ja Windpocken lästig, aber ich möchte die jetzt nicht abkriegen, da ist man mindestens zehn Tage echt geliefert ..."

Die Erfolglosigkeit derartiger Gespräche liegt in der **mangelnden Orientierung am Gegenüber** begründet. Jeder ist eigentlich mit sich beschäftigt und nutzt den anderen als Stichwortlieferanten. Wenn Sie nächstens Gelegenheit haben, ein derartiges Gespräch zu beobachten, werden Sie bei genauer Betrachtung feststellen, dass die jeweils gerade schweigenden Gesprächspartner kaum den Sprechenden anschauen.

## Das „Ich verstehe"-Zuhören

Das gleiche Strickmuster liegt einer anderen Zuhörvariante zugrunde. Hier wird jedoch mit formelhaften Wendungen dem anderen versichert, wie sehr man sich in seine Situation hineindenkt. Vielleicht kennen Sie Menschen, die gern mit folgenden Satzanfängen ihren eigenen Redebeitrag einleiten:

„Oh, das kenne ich, das habe ich neulich auch erlebt, das war nämlich so …"
„Ich verstehe, das ist echt schlimm. Wissen Sie, ich habe da …"
„Ach wie grässlich, du Ärmste, wir hatten mal so etwas Ähnliches …"
„Ich kann mich in deine Lage ja so gut hineinfühlen. Mir ist folgendes …"
„Ich kann gut begreifen, wie Ihnen jetzt zumute ist. Ich war erst kürzlich …"

Hier wird der Gesprächspartner als Stichwortgeber zur folgenden Selbstdarstellung genutzt. Ich will einräumen, dass viele Menschen diese Reaktionsart für echte Einfühlung halten. Ja, sie sind sogar davon überzeugt, den anderen besonders gut zu verstehen, weil sie ja selbst schon einmal Ähnliches erlebt haben. Kurioserweise dreht sich dann die weitere Schilderung um ihr eigenes Erleben. So bekommt der andere ungebeten die Möglichkeit, seinen Gesprächspartner besser zu verstehen. Ob er allerdings noch einmal selbst zu Wort kommt, bleibt offen.

Aber selbst wenn keine Selbstdarstellung erfolgt, drücken diese Satzformeln noch lange kein ernsthaftes Bemühen um Verstehen aus. Eher entsteht der Eindruck, als ob dem Gesprächspartner nichts Passendes einfällt und er darum auf derlei auswendiggelernte Versatzstücke zurückgreift. Ganz deutlich können Sie dies bei Trauerfällen beobachten: Den meisten Menschen fällt nichts Besseres ein, als „mein Beileid" zu sagen, oder in der gesteigerten Form: „Mein aufrichtiges, tief empfundenes Beileid".

Es ist schon recht ernüchternd, wenn Sie Ihren Gesprächspartner bitten, zu beschreiben, was er denn genau verstanden hat. Obgleich er Ihnen doch gerade versichert hat, wie gut er Sie versteht, kommt er meist ins Stocken und windet sich mit Allgemeinplätzen aus der blamablen Situation.

**Eine Ausnahme** will ich jedoch zulassen: Diese Formeln können sehr wohl positiv wirken, wenn der Gesprächspartner weiter spricht, und diese Sätze ihn gewissermaßen begleitend auffordern, doch bitte fortzufahren, beispielsweise:

„Ich bin heute wirklich ein Opfer von Fahrerflucht geworden."
„Oh, wie gemein."

„Ich komme zu meinem Auto und denke schon von weitem, warum steht das denn so schief, und tatsächlich: da hat mich jemand hinten rechts so gerammt, dass der ganze Wagen mindestens einen halben Meter verschoben war."
„Wie entsetzlich."
„Das kann man wohl sagen. Mein Kotflügel ist ziemlich eingedrückt. Natürlich kein Zettel an der Windschutzscheibe oder so. Ich kam mir da voll blöd vor und wusste gar nicht, was ich machen sollte."
„Ich kann mir vorstellen, wie dir da zumute war."
„Irgendwie fühlte ich mich so wehrlos. Du kannst ja nichts dagegen tun, geschehen ist geschehen. Ich habe dann aber trotzdem die Polizei gerufen ..."

## Das „Sprich nur weiter"-Zuhören

Auch bei dieser Art des Zuhörens richtet sich die Aufmerksamkeit auf alles Mögliche, nur nicht auf den, der gerade spricht. Dabei wird die fehlende Aufmerksamkeit durch gängige Floskeln ersetzt, beispielsweise:

„Ach, wie interessant."
„Was du nicht sagst."
„Nein aber auch."
„Na, so etwas."
„Mhm" oder „Jaaa."

Ich bin immer wieder überrascht zu beobachten, wie Menschen sich mit derartigen „Zuhör-Floskeln" zufrieden geben. Da wird munter weitergesprochen, obwohl die Botschaft des Gegenübers doch eigentlich lautet: „Sprich nur weiter, ich höre dir sowieso nicht zu."

Wie gering die Aufmerksamkeit des anderen ist, können Sie dadurch überprüfen, dass Sie mitten im Satz aufhören zu sprechen. In den meisten Fällen wird ihr Gegenüber gar nicht wahrnehmen, dass Ihr Satz unvollständig geblieben ist. Er ist gedanklich zu sehr mit etwas anderem beschäftigt. Das Paradebeispiel ist für viele das morgendliche Zeitunglesen:

„Hör mal, hier steht, dass sie die Abwassergebühren schon wieder anheben wollen, was sagst du dazu?"

„Na, so was."
„Das ist doch echt die Höhe. Letztens die Erhöhung der Gaspreise, dann die neuen Stromtarife und jetzt auch noch das Wasser."
„Mhm"
„Du, das geht uns an! Hier schreiben sie, dass die Hausbesitzer je nach Größe der Dachfläche für das Regenwasser auch noch zur Kasse gebeten werden."
„Was du nicht sagst."

Dieses Pseudozuhören ist aber keineswegs auf das Privatleben beschränkt. Im Arbeitsalltag unterläuft Vorgesetzten nur allzu oft dieses Verhalten. Sie sind meist mit anderen Dingen beschäftigt. Das, was der Mitarbeiter berichtet, interessiert sie nicht sonderlich oder sie haben davon bereits anderweitig Kenntnis erhalten. Da wird die Post gesichtet, Briefe abgezeichnet oder nebenbei Notizen gemacht, während dem Mitarbeiter zugleich versichert wird, er möge bitte weitersprechen.

## Bewusstes Zuhören

Wenn wir wirklich verstehen wollen, was unser Gegenüber gerade äußert, reicht es also nicht, nur den Mund zu halten oder durch wohlklingende Floskeln unsere Zuhörbereitschaft zu betonen. Wollen wir **aufmerksam** zuhören, müssen wir uns bewusst entscheiden, unsere eigenen Gedanken zurückzustellen. Das fällt uns natürlich schwer, wenn wir just zu dem, was der andere gerade äußert, etwas beisteuern möchten. Doch da wir nicht wissen, worauf die Ausführungen unseres Gesprächspartners abzielen, ist es ratsam, **die eigenen Überlegungen zurückzuhalten**.

Dabei werden Sie manche Überraschung erleben, wenn Sie bewusst zuhören. Bedeutsamen Gesprächen merkt man nämlich ihren möglichen Tiefgang keineswegs zu Beginn an. So erging es mir auch mit dem folgenden Gespräch, das ich zufällig am Nebentisch mithören konnte:

**A**: „Wie geht's dir denn mit deiner neuen Arbeit?"
**B:** „Ach du, eigentlich ganz prima. Ich kann nicht klagen."

**A:** „Mhm."
**B:** „Na ja, wir haben im Moment unheimlich viel zu tun, da weiß man manchmal gar nicht, wo man anfangen soll. Aber, das wird schon irgendwie."
**A** blickt **B** nur aufmerksam an und nickt.
**B:** „Mit den Kollegen komme ich im Großen und Ganzen ganz gut zurecht. Also, mit den meisten wenigstens. Klar, ich bin neu und da muss sich alles erst noch einspielen. In der Regel wird mir aber geholfen, wenn ich mal nicht weiter weiß."
**A** schaut weiterhin **B** aufmerksam an und murmelt „Mhm".
**B:** „Zum Glück ist der *Ritter* noch vierzehn Tage im Urlaub. Der ist der stellvertretende Abteilungsleiter. Na ja, Hauptsache die Arbeit macht mir Spaß."
**A:** „Mhm."
**B** schweigt eine Weile, richtet sich unvermittelt auf und fährt fort: „Weißt du, mir ist da neulich eine saublöde Sache passiert. Ich hab' zwei Kunden verwechselt und beiden die Rechnung des jeweils anderen zugeschickt. Der *Ritter* hat mich vielleicht angegiftet, mir hat's echt die Sprache verschlagen, kannst du dir das vorstellen?"
**A:** „Ja."
**B:** „Seitdem bin ich irgendwie durch den Wind. Ich weiß auch nicht, was der hat. Der behandelt mich irgendwie komisch, so als ob er mich auf dem Kieker hat. Vielleicht mag er mich grundsätzlich nicht."
**A** blickt **B** an, nickt und gibt es kurzes „Mhm" von sich.
**B:** „Oder umgekehrt, wer weiß." **B** macht eine längere Pause. „Der guckt mich manchmal so intensiv an, da wird einem ganz anders. Kannst du verstehen, dass ich schon mit dem Gedanken spiele, mich wegzubewerben?"
**A:** „Ja."
**B:** „Ich bin irgendwie so hin- und hergerissen." Erneut schweigt **B** für einige Zeit, währenddessen blickt **A** ruhig sein Gegenüber an. **B** scheint sich einen Ruck zu geben: „Vielleicht denkst du ich spinne, aber das Verrückte ist, einerseits fürchte ich mich vor dem Tag, da *Ritter* zurückkommt und andererseits freue ich mich auch irgendwie schon drauf ..."

Wir können uns im nachhinein gut ausmalen, wie diese Unterhaltung wohl verlaufen wäre, wenn A zwischendrin von seiner Arbeit berichtet oder Fragen gestellt beziehungsweise Ratschläge erteilt hätte. Als „Lauscher" am Nachbartisch war ich über die

Wendung höchst überrascht. Nach dem sehr allgemein gehaltenen Einstieg hatte ich derlei Persönliches nicht erwartet.

> Beim bewussten Zuhören nehmen Sie kommentarlos auf, was der andere sagt. Sie zeigen durch Ihren Blickkontakt und eine aufmerksame, zugewandte Körperhaltung, dass Sie auch weiterhin bereit sind zuzuhören. Sie sind bereit, eigene Antwort- und Frageimpulse zurückzustellen.

Solange Ihr Gegenüber von sich aus sprechen möchte, können Sie dem Gespräch freien Lauf lassen. Der andere wird genau so lange sprechen, wie er sich dabei wohl fühlt.

Erfahrungsgemäß fällt es vielen Menschen schwer, sich aufs „Mhm“ bzw. den Blickkontakt zu beschränken. Sie glauben, ihr Interesse durch gezielte Fragen unterstreichen zu müssen. Ja, manche gehen soweit, dem **A** im obigen Dialog zu unterstellen, er habe gar nicht zugehört. Ihn habe das, was **B** sagt, gar nicht interessiert. Andernfalls hätte er mehr Anteil genommen, nachgefragt oder auch ganz konkrete Ratschläge gegeben.

Wir können jedoch darauf vertrauen, dass uns unser Gesprächspartner sehr deutlich zeigt, wann er mehr von uns erwartet, außer unserem bewussten Zuhören. Er wird uns nämlich **auffordernd anschauen** – statt weiterzusprechen. Wer geduldig wartet, bis er dran ist, und sich aufs genaue Zuhören beschränkt, wird die Entdeckung machen, dass es für den weiteren Gesprächsverlauf keiner zusätzlichen Impulse bedarf. Dabei erhalte ich immer wieder die Rückmeldung: Es sei überraschend, dass sich Gespräche scheinbar von selbst so tiefgehend entwickeln.

Dieser Abschnitt wäre unvollständig, wenn ich Sie nicht auf eine Gefahr hinwiese: Möchte Ihr Gesprächspartner Ihre Reaktion hören, dann ist ein „Mhm“ in Verbindung mit Blickkontakt enttäuschend wenig. Ganz besonders gilt dies, wenn Ihr Gegenüber Ihre Betroffenheit spüren möchte. Wer auch dann noch mit ruhigem „Mhm“ reagiert, demonstriert allenfalls unnahbare Überlegenheit. Dann verkommt das bewusste Zuhören zur aggressiven Masche.

**A:** „Ich konnte gestern nicht weiterarbeiten, weil du mir meine Unterlagen nicht zurückgegeben hast.“

**B:** „Mhm."
**A:** „Du, das war echt blöd. Ich wollte es ja erst nicht glauben und habe noch herumgesucht, natürlich ohne Erfolg."
**B:** „Mhm."
**A:** „Das macht mich wütend, wenn ich nicht vorankomme, bloß weil du die Sachen nicht zurückgibst."
**B:** „Mhm."

Hier verweigert **B** eine angemessene Reaktion. Wir können davon ausgehen, dass **A** am Satzende seinen Kollegen jeweils auffordernd angeschaut hat. Diese eindeutige Aufforderung zu sprechen, mündet lediglich in ein unnahbares „Mhm".

## Umschreibendes Zuhören

Im vorangegangenen Abschnitt hatte ich ausgeführt, dass wir mit bewusstem, aufnehmenden Zuhören unserem Gesprächspartner gute Dienste erweisen, solange dieser von sich aus spricht. Aber wenn dieser von uns eine Reaktion erwartet, ist ein einfühlsames „Mhm" definitiv zu wenig. Wie dann unsere Reaktion ausfällt, hängt davon ab, was wir vermuten, dass der andere von uns erwartet. Mal mag ein Ratschlag angemessen sein, mal möchte der andere unsere Meinung erfahren und wieder ein anderes Mal wird unsere Zustimmung erwartet.

Sind wir jedoch selbstkritisch, müssen wir zugeben, dass in den allermeisten Fällen nicht klar ist, was der andere genau von uns erwartet. Hier hilft das **umschreibende Zuhören**, bei dem wir mit eigenen Worten wiederholen, was wir bis dahin verstanden haben. Das klingt leichter gesagt, als getan. Denn im Gegensatz zum wörtlichen Wiederholen, bei dem wir uns lediglich an den Wortlaut halten müssen (und das wir auch zustande bringen, wenn wir nichts verstanden haben), setzt das Umschreiben voraus, dass wir in der Lage sind, das Gehörte geistig zu verarbeiten.

In diesem Zusammenhang werden mir immer wieder Einwände entgegengebracht. So entspann sich folgender Dialog zwischen einer Seminarteilnehmerin und mir:

Teilnehmerin: „Also, das finde ich ja nun gar nicht gut, einfach alles nachzusprechen, was der anderer gerade gesagt hat. Was soll das bringen?"

*Weisbach:* „Das wirkt auf Sie wie Nachplappern und Sie kommen sich da eher wie ein Papagei vor."

Teilnehmerin: „Ja genau, der andere fühlt sich womöglich auf den Arm genommen, oder er hält mich für ziemlich beschränkt, wenn ich nichts zu sagen weiß, außer ihn zu wiederholen."

*Weisbach:* „Durch so ein beschränktes Verhalten könnte der andere Ihre Kompetenz anzweifeln."

Teilnehmerin: „Ganz richtig. Ich überleg' mir gerade, wie das für mich wäre, wenn jemand pausenlos meine Äußerungen wiederholt. Mhm, ich glaub', ich würde das irgendwie blöd finden."

*Weisbach:* „Wenn das jemand mit Ihnen machen würde, hätten Sie das Gefühl, nicht ernst genommen zu werden."

Teilnehmerin: „Das stimmt, ich würde denken, ich bin anscheinend nicht in der Lage, mich unmissverständlich auszudrücken. Denn wenn der andere mich richtig versteht, muss er mich doch nicht so blödsinnig wiederholen."

*Weisbach:* „So ein umschreibendes Zuhören kommt Ihnen geradezu wie eine Kritik vor, gewissermaßen ein Angriff auf Ihr Ausdrucksvermögen."

Teilnehmerin: „Ja, ich glaub' das ist es doch, was mich daran so nervt."

Das Gespräch brach an dieser Stelle ab. Die übrigen Seminarteilnehmer konnten ihr Lachen nicht länger unterdrücken. Die Teilnehmerin blickte dadurch ganz verunsichert in die Runde.

Mir kam dieser kurze Dialog im Seminar für Demonstrationszwecke gerade recht. Doch war mir zu Beginn des Gesprächs nicht klar, was die Teilnehmerin am „Umschreiben" so entschieden ablehnte. Erst nach und nach begann ich zu erfassen, dass hier große Sorge vor Kritik vorlag, die allem weiteren im Weg stand.

Prüfen Sie vor Ihrer eigentlichen Reaktion durch umschreibendes Zuhören, wieweit Sie Ihren Gesprächspartner richtig verstanden haben. Sie werden überrascht feststellen, wie häufig Sie einander missverstehen. Das muss keineswegs am unaufmerksamen Zuhören liegen. Oftmals merkt der Gesprächspartner erst durch die Wiederholung seiner Äußerung, dass er sich unklar ausgedrückt hat. Oder ihm wird klar, dass ihm eigentlich etwas anderes viel wichtiger ist. Das kann dazu führen, dass Sie für Ihre eigentliche Reaktion gar keine Gelegenheit mehr haben, weil Ihr Gegenüber bereits weiter spricht und dem Gespräch womöglich eine Wendung gibt, die Ihren Einwurf überflüssig macht, beispielsweise:

**A**: „Ich kann nicht nachvollziehen, warum es in Deutschland kein öffentliches Rauchverbot gibt. Unsere Politiker sind für mich feige Drückeberger. Die Iren haben es geschafft, die Italiener sind gleichgezogen und unsere Politiker stecken wahrscheinlich mit der Tabakindustrie unter einer Decke."
**B**: „Du siehst bei unseren derzeitigen Politikern keine Chance für ein Rauchverbot in der Öffentlichkeit." (Eigentlich wollte **B** fortfahren mit einem Hinweis, was die BündnisGrünen hierzu bereits erarbeitet haben, aber **A** fährt fort).
**A**: „Solange unser Finanzminister das Geld aus der Tabaksteuer bereits verplant hat, ist doch klar, dass von dort keine Initiative kommt. Im Gegenteil, der Staat braucht ja das Geld von den Rauchern. Aber kein Raucher muss die gesundheitlichen Folgen seines Rauchens bezahlen, das müssen wir mit unseren Krankenkassenbeiträgen tragen."
**B**: „Dich stört diese Ungerechtigkeit und du hättest gern eine gesetzliche Regelung, bei der die Verursacher selbst für die Konsequenzen aufkommen sollen." (Hier wollte **B** einwenden, dass man dann auch die Folgen von Übergewicht oder Unfällen bei Risikosportarten anders behandeln müsste.)
**A**: „Mir geht's weniger um ein klares Gesetz, als vielmehr um die Haltung, die dahinter steckt. Auch bei uns in der Firma traut man sich nicht zu einer deutlichen Linie, alle sollen irgendwie aufeinander Rücksicht nehmen."
**B**: „Wenn ich dich richtig verstehe, geht es dir um so eine Art Verhaltenscodex. (Hier wollte **B** einwenden, dass es eine schriftliche Firmenanweisung gibt, die das Rauchen ausschließlich in den ausgewiesenen Bereichen gestattet.)
**A**: „Ne, das hilft auch nicht. Schau mal, bei uns gehen die Raucher brav vor die Tür oder rauchen unten im Raucherzimmer, aber wenn sie zurück kommen, dann stinkt alles, ihre Kleidung, ihre Haare. Das dauert keine zwei Minuten, dann breitet sich das aus und das ganze Büro ist verpestet. Darum ist es für mich überhaupt keine Rücksichtnahme, wenn ein Raucher draußen raucht und ich danach mit ihm zusammen arbeiten muss." Usw.

Wie sollte **B** ahnen, dass es seinem Gesprächspartner eigentlich um seine ganz persönliche Beeinträchtigung in der Zusammenarbeit mit rauchenden Kollegen geht?

> Mit umschreibendem Zuhören zeigen Sie, wie Sie den Inhalt dessen, was der andere gesagt hat, verstanden haben.

Bei dieser Art des Zuhörens werden Sie womöglich feststellen, dass sich Ihr Gesprächspartner mit den umschreibenden Wiederholungen völlig zufrieden gibt. Auf eine weitergehende Reaktion Ihrerseits legt er gar keinen Wert. Ich muss zugeben, dass ich anfangs geradezu gekränkt war, als mir bewusst wurde, wie selten meine Meinung wirklich gefragt war. Mittlerweile bin ich fasziniert, welche Wendungen ein Gespräch in kurzer Zeit nehmen kann. Trotz aller Lebenserfahrung überrascht es mich immer wieder, wohin sich dabei eine Unterhaltung entwickelt.

Sobald Ihr Gegenüber an Ihren Gedanken interessiert ist, wird er auf Ihre Wiederholung nur mit einem „Ja" reagieren und Sie auffordernd anblicken. Das ist dann das klare Signal sich selbst in das Gespräch einzubringen.

Es kann für Sie hilfreich sein, verschiedene Einstiegsformulierungen für das umschreibende Zuhören parat zu haben, darum gebe ich Ihnen eine kleine Zusammenstellung:

- „Mit anderen Worten …"
- „Wenn ich Sie richtig verstehe, geht es Ihnen um …"
- „Ihnen ist wichtig, dass …"
- „Sie legen Wert auf …"
- „Für Sie kommt es sehr darauf an, dass …"
- „Ich habe jetzt verstanden, dass Sie …"
- „Wenn ich das richtig erfasse, dann geht es Ihnen um …"
- „Verstehe ich richtig, dass …"
- „Du meinst, wenn …"
- „Was Du sagst, fasse ich so auf …"
- „Dir liegt am Herzen, dass …"

> Diese umschreibenden Formulierungen sind Äußerungen, die sich ganz und gar auf das beziehen, was der Gesprächspartner bislang gesagt hat.

> Bei dieser Art der Gesprächsführung konzentrieren Sie sich zunächst nur auf den Gesprächspartner. Sie halten sich selbst mit gutgemeinten Ratschlägen, Bewertungen, Meinungen und Widerspruch zurück.

Umschreibendes Zuhören erweist sich auch in folgender Situation als äußerst nützlich: Wenn Sie direkt um eine Reaktion gebeten werden, aber sich zu diesem Zeitpunkt gern noch bedeckt halten möchten. In den meisten Fällen fühlt sich Ihr Gesprächspartner durch die Wiederholung aufgefordert, weitere Erklärungen beizusteuern, beispielsweise:

**Kunde**: „Ich denke wir haben jetzt alle Punkte geklärt. Sie kennen unseren Bedarf. Kommen wir zum Preis und zu der Frage, wie viel Prozent Sie uns entgegenkommen wollen."
**Lieferant**: „Ich kann gut nachvollziehen, wenn Ihnen an einem deutlichen Entgegenkommen unsererseits gelegen ist."
**Kunde**: „Klar doch. Schauen Sie, wir haben zwar Interesse an einer langfristigen Einkaufsbindung, aber natürlich kennen wir auch den Markt und haben uns beim Wettbewerb umgesehen."
**Lieferant**: „Das ist verständlich, dass Sie auf einen Preis Wert legen, der einem Vergleich mit den Mitbewerbern standhält."
**Kunde**: „Ganz genau. Ich muss schließlich diesen Preis rechtfertigen können."
**Lieferant**: „Und dafür ist es Ihnen wichtig, dass unser Preis auch argumentativ wasserdicht ist. Mit anderen Worten: Was genau sind unsere Leistungen." Usw.

Wer umschreibend wiederholt, will zunächst einmal nur verstehen, worum es dem anderen geht. Verstehen heißt nicht zwangsläufig, etwas gut zu heißen. Man kann durchaus etwas verstehen und gleichzeitig ablehnen, so wie man auch manche Dinge gutheißt oder ablehnt, die man ganz und gar nicht versteht. **Verstehen** meint hier, einen Standpunkt, eine Vorstellung des Gesprächspartners zunächst einmal als gegeben hinzunehmen. Spürt der andere, dass man die Dinge mit seinen Augen sieht, wird seine Neigung, das einmal gefasste Bild zu verteidigen, merklich nachlassen. Wenn man seinen Standpunkt bestätigt, hat dies nichts mit Einverständnis und Bewertung zu tun. Man bestätigt ihm lediglich, dass man sich bemüht nachzuvollziehen, wo er steht. Alles weitere ist dem sich daraus ergebenden Gespräch vorbehalten.

## Aktives Zuhören

Beim zuvor beschriebenen Zuhören konzentrieren wir uns auf das, **WAS** wir hören und umschreiben dies mit eigenen Worten.

Wollen wir jedoch auf das eingehen, **WIE** der andere gerade spricht, müssen wir eine besondere Aktivität an den Tag legen, darum der Ausdruck **Aktives Zuhören**. Die Wörter allein helfen uns nicht, die Bedeutung einer Äußerung zu erfassen. Erst im Zusammenhang von Tonfall und Mimik können wir herausfinden, **WIE** etwas gemeint ist. Beispielsweise deuten die Worte: „Das haben Sie ja erstklassig hingekriegt" eine Anerkennung an. Doch erst im körpersprachlichen Kontext erfahren wir, ob wir mit dem gehörten Lob richtig liegen oder ob hinter dieser Aussage eigentlich beißende Kritik steckt. Schon Kleinkinder lernen die Bedeutung einer Äußerung aus dem Tonfall zu erschließen. Die drei Wörter „Komm mal her!" können in Verbindung mit herzlichem Klang zu sofortigem Herbeieilen oder -krabbeln führen. Aber in Verbindung mit ärgerlichem Unterton sorgen sie dafür, dass ein entsprechender „Sicherheitsabstand" gewahrt bleibt.

Wenn Sie nicht nur auf das achten, **was** der andere sagt, sondern auch **wie** der andere spricht und sich verhält, erfassen Sie seine **Gefühle, Hoffnungen und Wünsche**. Diese werden ja meist nicht direkt formuliert, doch schwingen sie in fast jeder Äußerung mit.

Beim aktiven Zuhören fragen Sie sich im Stillen:

- Was empfindet mein Gesprächspartner?
- Was ist ihm an dem, was er gerade äußert, so wichtig?
- Was beschäftigt ihn daran so sehr?
- Welches Interesse hat er daran?
- Was will er damit verfolgen?
- Wie ist ihm zumute?

Um Antwort auf diese Fragen zu erhalten, werden Sie sich bemühen, sich in den anderen hineinzudenken, ja hineinzufühlen.

Dabei bedeutet „sich einfühlen“ keineswegs, dass wir zur selben Zeit dasselbe empfinden müssen. Auch geht es nicht darum, die Gedanken, Aussagen und Emotionen des Anderen aus der eigenen Perspektive zu werten, sondern zu **verstehen, was den anderen** zu bestimmten Handlungen und Meinungen **bewegt**.

Anders als beim umschreibenden Zuhören geben Sie beim aktiven Zuhören nicht die ganze Aussage wieder. Sie versuchen knapp, das **in Worte zu fassen, was gefühlsmäßig mitschwingt**.

Durch aktives Zuhören signalisieren Sie, dass Sie die Empfindungen des Gesprächspartners mitbekommen haben.

So beginnen typische **Satzanfänge**, die **aktives Zuhören** zum Ausdruck bringen:

- „Sie befürchten jetzt, dass ...“
- „Sie sind misstrauisch, ob ...“
- „Sie ärgern sich über ...“
- „Sie sind sich noch nicht sicher, wieweit ...“
- „Sie sind erschrocken über ...“
- „Sie sind schockiert, weil ...“
- „Sie sind über ... entsetzt.“
- „Dich nervt es, wenn ...“
- „Du könntest platzen, weil ...“
- „Du bist noch unentschieden, ob du ...“
- „Dir stinkt es, wenn ...“

Die meisten Menschen erleben es als ungewohnte Wohltat, wenn sie wahrnehmen, dass ihnen ernsthaft und geduldig zugehört wird. Mögen sie anfangs noch zurückhaltend sein, so zeigt sich regelmäßig, dass dieses anfängliche „Eis“ in der Wärme konzentrierter Zuwendung schnell schmilzt.

> Besondere Bedeutung erhält das aktive Zuhören, wenn beim Gesprächspartner hörbar Gefühle zum Ausdruck kommen, wie Ärger, Enttäuschung oder auch Zweifel.

Wer sich – emotional erregt – nicht ernst genommen fühlt, reagiert in der Regel heftig und versucht sich durch „dramatischen“ Nachdruck zu positionieren. Denken wir uns in folgende Situation hinein: *Dirk und Doris Weiß* haben Hochzeitstag. Beim Frühstück vereinbaren Sie, abends ins Theater zu gehen. *Doris* freut sich, geht extra zum Friseur und macht sich für den Abend fein. Doch erst kurz nach acht kommt ihr Mann nach Hause. Sie ist stocksauer. Als er wie immer fröhlich pfeifend ins Wohnzimmer kommt, platzt ihr der Kragen:

„Du bist ein ganz gemeiner Egoist. Du denkst nur an dich und deine blöde Karriere."
„Das siehst du völlig falsch. Wir hatten noch eine äußerst wichtige Besprechung, und du weißt ja, was sich der Chef in den Kopf gesetzt hat, das müssen wir ausbaden."
„Typisch! Wieso konntest du mich nicht benachrichtigen? Du hängst doch sonst auch ständig am Telefon."
„Du hast gut reden. Ich hätte unmöglich den Raum verlassen können."
„Ach was, wenn du Format hättest, wärest du ganz offen rausgegangen und hättest erklärt, dass du deine Frau benachrichtigen willst. Aber das ist wohl schon zu viel verlangt." Usw.

Es bedarf keiner sonderlichen Phantasie, sich auszumalen, wie bei den beiden der weitere Abend verläuft.

Wenn ihr Mann jedoch erfasst, dass der emotionale Ausfall zeigt, wie wichtig für seine Frau der geplante Abend war, kann er darauf einfühlend eingehen:

„Du bist stocksauer, weil ich dich stundenlang warten lasse."
„Das kann man laut sagen. Mir steht es echt hier!"
„Mir wird gerade klar, wie sehr ich dich kränke, wenn ich meinen Beruf so wichtig nehme."
„Stimmt. Ich gebe mir schließlich für dich Mühe und du kommst noch nicht mal auf die Idee mich zu benachrichtigen."
„Mist! Daran habe ich nicht mal gedacht, ich merke gerade, dass ich dich dadurch total vor den Kopf stoße. Das wollte ich wirklich nicht."
„Ja, ich komme mir vor, wie bestellt und nicht abgeholt. – Aber ich habe jetzt keine Lust mit dir zu streiten. Lass uns darüber bitte bei einem Glas Wein reden."

Dieses Beispiel macht noch einmal den Titel „Die **Kunst** der Gesprächsführung" deutlich: Auf einen anderen **wertschätzend** zu reagieren, obgleich dieser uns gerade massiv angreift, erfordert einige Selbstbeherrschung. Je häufiger Sie jedoch die Erfahrung machen, wie schnell sich eine angespannte Situation durch aktives Zuhören entschärfen lässt, um so eher werden Sie künftig auf sachliche Erklärungen oder Rechtfertigungen verzichten können.

| |
|---|
| Das Erkennen und Ansprechen von Gefühlen kann Menschen im Handumdrehen beruhigen und Situationen schnell entspannen. |

Dabei kommt es gar nicht darauf an, das Gefühl genau zu benennen. Vielmehr wird es Ihr Gegenüber erfreut aufnehmen, dass Sie überhaupt darauf achten und eingehen, was in ihm vorgeht. Im Zweifel wird derjenige, auf seine Gefühlslage angesprochen, das Gefühl genauer benennen oder Sie gegebenenfalls korrigieren.

Wichtig bei dieser Art des Zuhören ist, die Gefühle des anderen nicht wertend oder angreifend anzusprechen, nach dem Motto:

„Dauernd regst du dich auf."
„Du scheinst mir übermüdet und deshalb so empfindlich".
„Willst du ernsthaft wegen dieser Lappalie traurig sein?"
„Ihr sichtbarer Ärger zeigt mir, wie wenig Sie sich beherrschen können."
„Sie sind immer so schnell gereizt, wenn ich Kritik übe."
„Ihre Empörung ist doch überzogen."

Hier wird das Gefühl zwar auch angesprochen, der andere aber Vorwürfen ausgesetzt. Oder er bemerkt, dass er aus einer vermeintlich höheren Position heraus geringschätzig betrachtet und bewertet wird.

**Aufmerksames Zuhören** leistet dreierlei:
- Zum einen schätzen es Menschen ganz grundsätzlich, wenn man ihnen zuhört, ganz unabhängig wovon sie sprechen.
- Zum anderen beugt man möglichen Missverständnissen vor, indem man mitteilt, **wie** etwas verstanden wurde.
- Und schließlich erfährt man sehr viel über die Eigenart des Gegenübers. Ein geschulter Zuhörer ist dann nicht nur in der Lage, sich so zu verhalten, wie es dem Wesen seines Gesprächspartners entspricht. Er kann auch aus dem Gehörten Anknüpfungspunkte für das weitere Gespräch gewinnen.

Zuhören lässt sich optimieren. Wer jedoch sich und seine Aussage wichtiger nimmt als die Aussagen der Mitmenschen, wird trotz Kenntnis von Zuhörtechniken noch kein guter Zuhörer. Wer für die Wünsche, Sorgen und Gefühle anderer Menschen taub ist, wird allgemein als grober Klotz wahrgenommen. Ein Mangel an Einfühlungsvermögen kommt in der Betrachtung vieler Menschen einem Mangel an Menschlichkeit gleich. Wer gut zuhören kann, seine Gesprächspartner respektiert und auf diese anteilnehmend eingeht, wird hingegen als sehr sympathischer Mensch erlebt.

## 3. Die Körpersprache erkennen und nutzen

In diesem Kapitel lernen Sie Möglichkeiten kennen, auf die Körpersprache Ihres Gegenübers einzugehen. Sie erfahren, wie Sie die Gestik, Mimik und Haltung des anderen für das Gespräch nutzen können. Ich zeige Ihnen, woran Sie Ablehnung und Zweifel erkennen können. Sie erfassen die Augenbewegungen bei unterschiedlichen Gesprächspausen und können darauf angemessen reagieren. Am Ende präsentiere ich Ihnen Möglichkeiten, wie Sie Ihren Gesprächspartner körperlich bewegen und welchen Einfluss das auf einen festgefahrenen Gesprächsverlauf haben kann.

Sind beim Zuhören unsere Ohren gefordert, so rücken in diesem Kapitel unsere Augen in den Vordergrund. Es geht dabei um die Frage, wie sich das, was offen sichtbar ist, für die Gesprächsführung nutzen lässt. So wie die verschiedenen Arten des Zuhörens ein Training der Hörwahrnehmung erforderlich machen, so macht das Erkennen der Körpersprache eine **Schärfung des Sehens** nötig.

Die Signale des Körpers zu erkennen, erleichtert jede Art der persönlichen Kommunikation. In Begegnungen und Gesprächen - ob privat oder geschäftlich, ob mit Kunden, Mitarbeitern oder Kollegen - stets hilft das Wissen um die Körpersprache. Es kommt nicht nur darauf an, **was** jemand sagt, sondern **wie** er es sagt. Denn unser Körper redet mit: Nur zu 7 % bestimmt der Inhalt der Kommunikation unsere Wirkung auf andere. Sie hängt zu 55 % von unserer Mimik, Gestik und Haltung, sowie zu 38 % von unserer Stimme ab. Deshalb ist es so wichtig, die verschiedenen Signale - eigene und die anderer - zu erkennen und zu verstehen

Wenn Sie die Körpersprache erkennen und nutzen wollen, tun Sie gut daran, ihre eigene Sprache des Körpers zu erkennen. So erfahren Sie, wie leicht es ist, über das eigene Kennen andere zu erkennen. Denn nur was uns bekannt ist, kann auch wiedererkannt werden. Darum empfehle ich Ihnen: Prüfen Sie beim Lesen der folgenden Seiten, wie Sie sich selbst jeweils verhalten und wie Ihre übliche Haltung dabei ausfällt.

Entgegen verbreiteten Ratgebern sehe ich keinen Nutzen im Auswendiglernen der Bedeutung körpersprachlicher Signale. Menschen verhalten sich verschieden. Es gibt kulturelle Unterschiede, Unterschiede zwischen Mann und Frau, Erwachsenen und Kindern, Unterschiede, die sich aus Status und Rolle einer Person erklären. Beispielsweise hilft die gängige Vorstellung, dass verschränkte Arme Ablehnung bedeuten, nicht viel. Sie haben vielleicht selbst schon erlebt, dass Sie beim Zuhören auf Stühlen ohne Armlehne oftmals die Arme vor der Brust kreuzen. Diese Haltung beruht meistens auf Bequemlichkeit – wohin auch sonst mit den Armen? – und selten auf Desinteresse.

Und doch möchte ich Sie in diesem Kapitel dazu ermuntern, die Gestik und Mimik Ihrer Gesprächspartner sehr genau zu beobachten. Ich will genauer sagen: Es geht darum, den Wechsel des körpersprachlichen Ausdrucks zu erfassen. Dies ist besonders lohnend, weil der Körper bereits zeigt, wie jemand zu einem Sachverhalt steht, ohne dass diesem das überhaupt bewusst ist. Dabei ist es nützlich zu wissen, dass die körpersprachlichen Signale schon sichtbar sind, ehe der Gesprächspartner sprachlich Position bezieht.

> Die Reaktionen unseres Gegenübers zeigen sich zuallererst in seiner Haltung, seiner Gestik und Mimik. Das können Sie für den weiteren Verlauf des Gesprächs nutzen..

Wenden wir uns als Beispiel noch einmal den verschränkten Armen zu: Für sich genommen gibt uns diese Sitzhaltung keine klare Information. Wenn wir jedoch während eines Gesprächs wahrnehmen, dass unser Gegenüber längere Zeit vorgebeugt sitzt und sich kurze Notizen macht, sich aber an einer bestimmten Stelle deutlich zurücklehnt und unvermittelt die Arme vor der Brust verschränkt, dann lohnt es allemal, genauer hinzuschauen. Vielleicht entdecken wir, dass der andere auch den Kopf ganz leicht schüttelt, die Stirn kräuselt und die Lippen fest zusammenpresst. Ob sich diese Signale tatsächlich auf unsere Ausführungen beziehen, wissen wir nicht. Wir können uns natürlich fragen, ob eine unserer letzten Äußerungen womöglich Widerspruch erregt hat. Was wir aber in jedem Fall unternehmen können: Den anderen zum Sprechen bringen. Wenn wir Widerspruch vermuten, bietet es sich an, den Gesprächspartner direkt anzusprechen, beispielsweise:

- „Ich habe gerade den Eindruck, das missfällt Ihnen."
- „Ich weißt nicht, ob Sie dieser Gedanke stört."
- „Sie sehen das anders."
- „Sie sind da ganz anderer Meinung."
- „Ich vermute, Ihnen geht meine letzte Äußerung gegen den Strich."

Mit diesen kurzen Aussagen ermöglichen Sie Ihrem Gegenüber, sich zu erklären. Lagen Sie richtig mit Ihrer Vermutung, werden Sie nun erfahren, worauf die Ablehnung beruht oder was dem anderen gegen den Strich geht. Waren Sie im Irrtum, tut dies dem weiteren Gespräch keinen Abbruch. Der andere wird erklären, dass er noch völlig mit Ihnen übereinstimmt und Sie doch bitte fortfahren mögen. Vielleicht erklärt er zusätzlich seine Haltung, die ja Ihre Aufmerksamkeit erregt hat, beispielsweise: „Wenn ich mich gerade so zurechtrücke, hat das nichts mit Ihnen zu tun, ich finde die Stühle hier fürchterlich unbequem."

Ich werde oft gefragt, ob solche direkten Aussagen den anderen nicht unnötig provozieren und dieser womöglich nur knapp fragt: „Wie kommen Sie denn darauf?" Auch das lässt sich für das weitere Gespräch förderlich nutzen, indem wir ehrlich erklären, was uns bewegt hat.

„Ich vermute, dieser Vorschlag geht Ihnen gegen den Strich."
„Wie kommen Sie denn da drauf?"
„Mir fiel gerade auf, wie Sie sich zurücksetzen, den Kopf schütteln und die Stirn in Falten legen. Da dachte ich, ich sollte innehalten und erst einmal prüfen, ob Sie noch einverstanden oder anderer Meinung sind."

Ein häufiger Einwand lautet: Dieses Vorgehen produziert ja geradezu Widerspruch. Derartiges Ernstnehmen von Körpersprache geht auf Kosten der eigenen Vorstellungen, zumal die zur Verfügung stehende Zeit immer begrenzt ist. Wenn jeder, der den Kopf schüttelt, so angesprochen wird, dann kommt man ja nie ans Ziel. Ich will die Sorge, die hinter diesem Einwand steht, ernstnehmen, zumal ich die Bedenken für völlig berechtigt halte. Wenn wir uns jedoch vergegenwärtigen, wie die Alternative aussieht, werden wir rasch ernüchtert: Missfällt unserem Gesprächspartner irgendetwas an unseren Ausführungen, dann beginnt er, sich mit sich und seinen ablehnenden Argumenten zu beschäftigen. Statt uns zuzuhören, driftet er gedanklich ab und beschäftigt sich mit seinen Einwänden. Wenn er keine Chance bekommt, diese zu platzieren, besteht die Gefahr, dass er die Zeit nutzt, eine Gegenstrategie zu entwickeln, um uns zu widersprechen. Im schlimmsten Fall kommt am Ende eine pauschale Ablehnung.

Das erklärt auch, warum alle Versuche, Unterbrechungen zu verhindern, scheitern. Natürlich kann man zu seinem Gegenüber sagen:

„Moment, ich bin noch nicht fertig."
„Lassen Sie mich das gerade noch ausführen."
„Ich will das hier noch zu Ende bringen."
„Hör mir bitte noch einen Augenblick zu!"
„Nun lass mich doch mal ausreden!"

Gewonnen wird mit diesen Sätzen nichts. Selbst wenn man danach ungestört weitersprechen kann, ist das keine Garantie, dass der andere wirklich zuhört. Im Gegenteil: Der Wunsch, zu Wort zu kommen, wurde ja zurückgewiesen. Was liegt näher, als die Zeit des erzwungenen Zuhörens für die eigene Gegenargumentation zu nutzen.

Statt sich also über die abweisenden Signale hinwegzusetzen, empfehle ich das Gegenteil. Greifen Sie bereits unscheinbare Anzeichen von Widerspruch sofort auf. Da der Körper fortlaufend reagiert und zeigt, wie etwas empfunden wird, liegt diesen ersten Anzeichen noch keine bewusste und durchdachte Ablehnung zugrunde. Meist fängt es mit irgendeiner Unklarheit an, die – wenn sie nicht bereinigt wird – im Laufe der Zeit zu vehementer Zurückweisung anwächst. Durch sofortiges Ernstnehmen und Klären lässt sich Vieles im Vorstadium von konkreten Einwänden entschärfen. Nebenbei spürt Ihr Gegenüber, wie aufmerksam Sie bei ihm und seinen Reaktionen sind. Diese gezeigte Wertschätzung bestimmt nachhaltig die gesamte Gesprächsatmosphäre.

> Wenn Sie auf körpersprachliche Signale der Ablehnung sofort eingehen, zeigen Sie Respekt und ersparen sich aufgestaute Reaktionen des Missfallens.

Ablehnung wird nicht nur durch Kopfschütteln und verschränkte Oberarme signalisiert. Menschen drücken ihr mangelndes Einverständnis ganz unterschiedlich aus. Es lohnt, sichtbare Veränderungen zu hinterfragen. Folgende Reihung zeigt Ihnen auffallende Signale aber auch subtile Andeutungen:

- Stuhl deutlich zurücksetzen
- Drehen des Stuhls weg vom Sprecher
- Wegdrehen des Oberkörpers
- Zurücklehnen von Körper und Kopf über die Lehne hinaus
- Verschränken der Arme vor der Brust
- Kopfschütteln
- Senkrechte Stirnfalten
- Nase rümpfen
- Mund verziehen
- Lippen zusammenpressen
- Starrer Blick
- Augenbraue(n) hochziehen
- fächelnde Hand mit nach unten gerichteten Fingern, die kräftig vor- und zurück geschwenkt werden.

Diese Zeichen können für sich allein oder kombiniert auftreten. Was sie tatsächlich bedeuten, lässt sich nur vermuten. Wenn uns bewusst ist, dass wir unser Gegenüber gerade provoziert haben, liegt es nahe, diese Anzeichen als Protest zu interpretieren. Wollen wir es genau wissen, bleibt uns nur der Weg über die direkte Ansprache. In diesem Zusammenhang erinnere ich an die Bedeutung der Aussagesätze (Kapitel 2, S. 10). Der gebräuchliche Fragesatz kann uns gerade im Bezug auf Ablehnung zu „geschönten“ Antworten führen.

„Sind Sie da anderer Meinung?“

„Nein, wieso?"
„Ich dachte nur, aber dann ist ja gut." Usw.

Mit „geschönt" meine ich den Wunsch, in gutem Licht stehen zu wollen. Die Frage, ob man anderer Meinung sei, erfordert eine klare Position. Wem diese jedoch noch gar nicht gegenwärtig ist, gerät womöglich ins Stottern und Lavieren. Ein rasches „Nein" befreit von dieser Gefahr. Interessanterweise wird dieses Stottern und Herumreden bei der indirekten Aufforderung durch einen Aussagesatz nicht als unangenehm empfunden.

„Sie sind da anderer Meinung."
„Nein, eigentlich nicht, obwohl – doch, na ja, es ist eben so, dass ich mir gerade überlege, ob das denn immer gilt, sozusagen als Naturgesetz."

Da der körpersprachliche Ausdruck immer der verbalen Sprache vorangeht, ist er in der Regel unbewusst. Dies erklärt auch, warum wir den Worten weniger vertrauen als der Mimik und Gestik. Wer uns verbal zustimmt, „das ist richtig", und gleichzeitig den Kopf schüttelt, erregt unser Misstrauen. Verkäufer können ein Lied davon singen, weil erst das **gezeigte** Einverständnis den Kauf abschließt. Umgekehrt wissen erfahrene Verkäufer das gezeigte Interesse bei gleichzeitiger verbaler Ablehnung zu nutzen. Wenn der Kunde sich vorbeugt, zum Kaufgegenstand greift und sich diesen quasi aneignet, dann erscheint sein „eigentlich ist mir das zu groß (zu teuer, zu bunt etc.)" nur noch als Zögern und als Vorwand. Dies direkt anzusprechen, führt fast immer zum Erfolg.

Es kann der Eindruck entstehen, dass die Körpersprache in erster Linie bei Ablehnung genutzt werden soll. Darum will ich mich einem anderen Ausdrucksverhalten zuwenden, dass nicht weniger folgenschwer ist, wenn es unerkannt bleibt: **Zögern und Zweifel.**

Weil Zweifel, die nicht ernst genommen werden, nur zu leicht in Ablehnung umschlagen, kommt der Beachtung dieser Signale erhebliche Bedeutung zu. Wer sich in Opposition befindet, hat bereits Position bezogen, hat einen Standpunkt und zwar einen verneinenden.

Beim Zweifel fehlt diese Klarheit, man ist sich noch nicht schlüssig. Und dieser Zwiespalt, den wir sprachlich in die Figur des „einerseits - andererseits" kleiden, drückt sich körpersprachlich in einem Schwanken, einem Hin- und Hergerissensein aus. Nicht nur der Kopf wird zur Seite gelegt, auch der Oberkörper führt diese Bewegung des „Einerseits - Ja" fort. Während wir wenig später die entgegengesetzte Bewegung beobachten können, das „Andererseits - Nein". Vielfach wird dieser Bewegungsablauf von deutlichen Lippenbewegungen begleitet, die alles andere als eine Grimasse darstellen. Der Mund kaut gewissermaßen das Für und Wider durch. Wer genau hinschaut, kann erkennen, dass die eine Bewegung mit einem leichten Kopfnicken und die andere mit einem Kopfwiegen verbunden ist.

Wer diese Signale übersieht, verliert seinen Gesprächspartner womöglich. Weitersprechen kann zwar dazu führen, dass der andere die Informationen erhält, die ihm bislang gefehlt haben. Weil wir aber nicht wissen, was die Skepsis des anderen verursacht hat, tun wir wieder gut daran, ihn zu Wort kommen zu lassen.

„Sie haben noch einige Bedenken."
„Sie zögern gerade."
„Du bis dabei skeptisch."
„Dir kommen da gewisse Zweifel."

Lagen wir mit unserer Vermutung richtig, werden wir jetzt erfahren, was den anderen beschäftigt und geistig fest hält. Darauf können wir eingehen und so den anderen bei uns behalten. Liegen gar keine Zweifel vor, klärt sich das sogleich, und wir fühlen uns prompt sicherer, weil der andere uns auffordern wird fortzufahren.

Zu diesem Thema äußerte kürzlich ein Seminarteilnehmer:

„Das ist ja alles schön und gut. Ich bin wirklich nicht gegen Wertschätzung, aber man kann das auch übertreiben. Dieses ganze Reagieren in Ehren, und wo ich mir das leisten kann, will ich das gern beherzigen, aber beim Verfolgen meiner Zielvorgaben kann ich mir so etwas einfach nicht erlauben. Da muss ich schauen, dass ich alles, was ich zu sagen habe, in kürzester Zeit an den Mann bzw. die Frau bringe. So ist das nun mal im richtigen Leben."

In der aktuellen Seminarsituation war das für mich eine deutliche Rückmeldung, auf die anfänglichen Sorgen dieses Teilnehmers nicht genügend eingegangen zu sein. Er hatte keine Gelegenheit bekommen, das zu äußern, was ihn verunsicherte. Darum driftete er in Gedanken ab und beschäftigte sich mehr und mehr mit seinem Widerspruch. Was dabei herauskam, war die Pauschalkritik, dass das „richtige Leben" nach anderen Regeln verläuft als die so gepriesene wertschätzende Gesprächsführung.

> Wer wartet, bis sich Widerstand oder Zweifel erst sprachlich äußern, macht sich den Weg zur Zielerreichung unnötig schwer. Denn ausformulierte Ablehnung oder Bedenken sind nur mit zusätzlichem Aufwand auszuräumen.

Wer daran gewöhnt ist, auf die Macht der Argumente zu vertrauen, den verwirrt es verständlicherweise, wenn er sich so stark und so zeitintensiv am anderen orientieren soll. Da viele Menschen im Argumentieren Sicherheit finden, will ich dieses Vorgehen ernst nehmen und näher darauf eingehen.

Den körpersprachlichen Ausdruck des Gegenübers zu beachten, trägt zu einer wertschätzenden Gesprächsatmosphäre bei. Darüber hinaus dient es auch der Optimierung der eigenen Gewissheit, was schließlich dem persönlichen Wohlbefinden zugute kommt. Sobald wir erfahren, wie der Gesprächspartner zu unseren Äußerungen steht, können wir getrost fortfahren bzw. auf das reagieren, was einer Übereinstimmung noch im Wege ist. Wenn Sie darin geübt sind, auch kleinste Veränderungen wahrzunehmen, die vom Ziel wegführen, können Sie sofort Ihr Vorgehen ändern. Das Beachten und Ansprechen körpersprachlicher Signale wird von Erfolg gekrönt, wenn dies dazu führt, dass sich Ihr Gesprächspartner erklärt. So betrachtet dient dieses Eingehen auf die Signale des anderen Ihrer **Selbstvergewisserung**.

Ich möchte Sie mit noch einem unauffälligen körpersprachlichen Ausdruck vertraut machen, dessen Beachtung Ihnen erhebliche Vorteile beschert. Dabei geht es um das Erkennen, wann Ihr Gesprächspartner zu Wort kommen will und wann nicht. Auch hier verursacht mangelnde Beachtung nicht nur Missbehagen, sondern Sie selbst setzen sich unnötig unter Druck.

Wenn Sie in einer größeren Gruppe diskutieren, können Sie sehr genau vorhersagen, wer als nächstes sprechen bzw. versuchen wird, zu Wort zu kommen. Obgleich unser Kehlkopf unabhängig von der Sitzposition funktioniert, rücken sich Menschen zurecht, bevor sie etwas sagen. Man bringt sich gewissermaßen in Position. Unabhängig von der bisherigen Sitzposition verändern Menschen ihre Haltung, wenn Sie zum Sprechen ansetzen wollen. In der Regel geht dies einher mit einem sich Aufrichten und Vorbeugen. Begleitet wird dies von einer Kontaktaufnahme mit den Augen. Man schaut den an, zu dem man direkt spricht. Bei mehreren Adressaten geht der Blick typischerweise vorweg in die Runde.

Wer diese Signale wahrnimmt, kann direkt darauf eingehen. Beispielsweise dem anderen durch Blickkontakt und Kopfnicken zu verstehen geben, dass man bereit ist, ihm jetzt zuzuhören. Neuere Untersuchungen aus der Hirnforschung deuten darauf hin, dass dieses körpersprachliche Zurechtrücken unbewusst abläuft. Das erklärt, warum manche Menschen regelrecht erstaunt sind, bereits zum Sprechen aufgefordert zu werden, obgleich sie sich doch noch gar nicht zu Wort gemeldet haben. Wenn Ihre Gesprächspartner die Möglichkeit erhalten, sich zu äußern, ohne sich dafür „anstrengen" zu müssen, trägt dies zu einer angenehmen, wertschätzenden Atmosphäre bei.

Betrachten wir den üblichen Verlauf: Da möchte jemand etwas sagen. Er richtet sich auf und beugt sich vor. Sein Gesprächspartner nimmt davon jedoch keine Notiz. Er holt bereits tief Atem, den er aber nicht loswerden kann, weil er weiterhin zum Zuhören verdammt ist. Doch wohin mit der Luft? Ihm entfährt ein ungeduldiges „Ja, ich verstehe." Und wenn er Glück hat, kann er den anderen unterbrechen. Wenn nicht, staut sich bei ihm etwas auf.

Derlei Anspannungen lassen sich vermeiden, wenn wir die Signale des anderen ernst nehmen und darauf reagieren.

Jeder will in seiner momentanen Denkweise, in seiner augenblicklichen Wahrnehmungsfähigkeit erkannt werden. Alle Menschen haben ein tief verankertes Bedürfnis, verstanden zu werden.

Noch genauer müssen wir hinschauen, wenn wir verstehen wollen, wie eine Gesprächspause gemeint ist. Nicht nur der Zuhörer schaut den Sprechenden an, auch umgekehrt blickt der Sprecher seinen bzw. seine Zuhörer an. Und irgendwann entsteht eine Pause. Doch woran lässt sich erkennen, wie diese Gesprächspause gemeint ist?

## „Sie sind dran"

Die einfachste Pause scheint dann vorzuliegen, wenn der andere mit seinem Redebeitrag fertig ist und uns zum Sprechen auffordert. Das kann er sprachlich direkt machen, z. B.: „Wie sehen Sie das denn?", „Was meinst du dazu?" oder aber indirekt, indem er uns anschaut. Meist wird dieser Blick mit einem leichten, auffordernden Kopfnicken begleitet. Jetzt sind wir dran. Wer nun nicht spricht, setzt den anderen unter Spannung, weil dieser nicht versteht, warum keine Erwiderung kommt. Sie können bei vielen Menschen beobachten, dass diese die Peinlichkeit der plötzlichen Stille dadurch beenden, dass sie einfach weitersprechen.

Nebenbei: Während Sie sprechen, blickt Ihr Gesprächspartner auch Sie zuhörend an und signalisiert so: „Sie sind dran, sprechen Sie bitte weiter." Und solange dieser Blickkontakt aufrecht erhalten wird, können Sie getrost fortfahren, Ihr Zuhörer folgt Ihnen aufmerksam. Wer daran Zweifel hat, kann beim nächsten Gespräch folgendes prüfen: Wie leicht oder wie schwer fällt es Ihnen, dem Gegenüber in die Augen zu schauen und dabei an etwas anderes zu denken. Ebenso lohnt es, bewusst zu kontrollieren, ob Sie sich, während Sie etwas mitteilen, vom anderen wirklich angeblickt fühlen. Manchmal erscheint der Blick eher starr und geht durch Sie hindurch oder gar ganz woanders hin.

## „Ich denke nach“

Doch nicht jedes Mal, wenn der andere aufhört zu sprechen, ist er auch wirklich mit seinem Redebeitrag fertig. Wenn er nachdenkt, beispielsweise ob er alles gesagt hat, oder was er noch ergänzen möchte, dann gehen seine Augen schräg nach oben. Dabei betrachtet er keineswegs die Decke, im Gegenteil, die Augen sind zwar offen, aber für die Aufnahme visueller Reize geschlossen.

Wer diese Pause missversteht und nun zu sprechen beginnt, hindert seinen Gesprächspartner am Nachdenken. Dieser protestiert dagegen nur, wenn er seinen Gedanken unbedingt noch äußern möchte. In der Regel nimmt der andere dieses Unterbrochenwerden klaglos hin, zu sehr ist ihm dieser Gesprächsstil vertraut.

Gewähren wir dem anderen die Zeit, die er zum Nachdenken benötigt. Bleiben wir ihm aufmerksam zugewandt, können wir sicher sein, dass dieser seinen Gedanken fortführt. Dies mag für manchen anfangs unvertraut sein, weil unvermittelt Pausen entstehen, die bislang mit Reden gefüllt waren. Wer über diese ungewohnte Stille anfangs beunruhigt ist, stellt alsbald fest, dass das Gespräch ganz ohne weiteres Zutun seinen Fortgang nimmt. Immer wieder berichten mir Seminarteilnehmer, wie entspannend es für sie sei, ruhig zu warten, bis der andere das Gespräch vertieft. Dabei kann die Länge diese Nachdenkpausen von wenigen Sekunden bis zu einer halben Minute dauern.

Nebenbei: Auch Ihr Zuhörer braucht manchmal Zeit zum Nachdenken. Sie können dies an seinem Blick nach oben verfolgen. Im Zweiergespräch lohnt es, Ihrem Gegenüber die Möglichkeit zu bieten, über das, was er hört, auch nachzudenken. Ich will jedoch nicht verhehlen, dass dies mit dem Risiko verbunden ist, dass Ihr Innehalten missverstanden wird. Der andere kann Ihre Pause als Aufforderung missdeuten, nun selbst zum

Sprechen anzusetzen. Doch dieses Risiko birgt auch eine Chance. Wenn Ihr Gegenüber sprechen möchte, dann bewegt ihn irgendein Gedanke. Vielleicht hat er eine Frage zu dem, was Sie gerade geäußert haben, oder ihm kommen Zweifel und Einwände. Wenn Sie darauf eingehen, mag Sie das für den Moment von Ihren Zielen abbringen. Es dient aber dem Kontakt zum anderen, bei dem Sie ja irgendetwas erreichen möchten.

Wer das Nachdenken seines Gesprächspartners nicht respektiert und durch eigenes Innehalten unterstützt, riskiert, dass ihm im weiteren Verlauf weniger zugehört wird. Der andere ist zu sehr mit sich selbst beschäftigt.

## „Ich sinne nach"

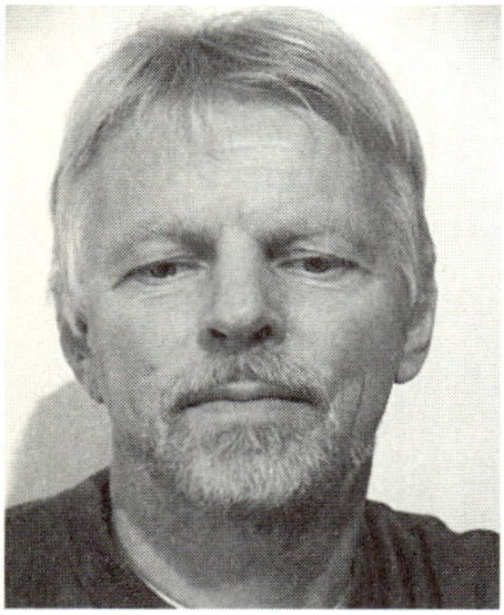

Im Unterschied zum Nachdenken, bei dem die Augen schräg nach oben wandern, gibt es einen Vorgang, der mit „Nachsinnen" am besten umschrieben ist und bei dem der Blick gewöhnlich nach unten geht. Beim Nachsinnen handelt es sich um ein Nach-innen-Hören, veranlasst durch Fragen wie: Was empfinde ich dabei? Was ist mir daran so wichtig? Wie werde ich mich fühlen? Beim Blick nach **schräg oben** rufen wir uns Bilder ins Gedächtnis, erinnern uns im wahrsten Sinne des Wortes visuell. Ebenso gehen unsere Augen nach oben, wenn wir uns Bilder konstruieren, indem wir uns ausmalen oder vorstellen, wie etwas sein könnte. Spüren wir dagegen einer Stimmung nach, ohne dass uns diese bildhaft gegenwärtig sein muss, wandert der Blick **nach unten**.

Auch hier hindert ein Weitersprechen den Gesprächspartner daran, bei sich zu bleiben und die innere Stimmigkeit zu prüfen. Wer jedoch in der Lage ist, diese Pause mit aufmerksamem Schweigen zu begleiten, zeigt Respekt. Er vermittelt auch die Bereitschaft, sich auf sein Gegenüber wirklich einzulassen. Dabei stelle ich immer wieder fest, dass derartige Nachsinn-Pausen dem Gespräch Tiefgang geben.

Manchmal werden Sie beobachten können, dass die Augen Ihres Gesprächspartners von schräg oben nach unten gehen und umgekehrt. Er wechselt vom Nachdenken zum Nachsinnen. So kann es sein, dass Bilder erinnert, oder auch entwickelt werden, um im nächsten Schritt die innere Stimmigkeit dieser Bilder zu prüfen.

Wer die Unterschiede bei diesen Pausen kennt, der wird keinerlei Stress verspüren. Im Gegenteil, er kann entspannt warten, bis das Zeichen zum Sprechen an ihn geht, nämlich auffordernder Blickkontakt in Verbindung mit Schweigen.

Sie können im folgenden prüfen, wie Ihre spontanen Augenbewegungen ausfallen. Lesen Sie die folgenden Fragen und halten Sie jeweils inne, um zu kontrollieren, was Ihre Augen gerade machen.

- Welche Strümpfe hatten Sie vorgestern an?
- Was empfinden Sie bei schroffer Zurechtweisung?
- Wie fühlen sich Brotkrümel im Bett an?
- Welche Farbe hat Ihre Zahnbürste?
- Wohin möchten Sie gern einmal in den Urlaub fahren?
- Was bedeutet für Sie Fairness?
- Wie viel ist 13 × 17?
- Was bringt Sie schnell in Rage?
- Wie reagieren Ihre Freunde, wenn Sie sich die Haare blau färben?

Vielleicht ist Ihnen aufgefallen, dass Ihre Augen zunächst nach oben gehen. Sie vergegenwärtigen sich gewissermaßen ein erinnertes Bild oder konstruieren dieses. Anschließend gehen die Augen nach unten, um die gefühlsmäßige Bedeutung zu erfassen.

Natürlich lassen sich diese Fragen auch beantworten, während der Blick absichtlich aufs Buch gesenkt bleibt. Wie leicht können Sie jedoch folgende Aufgabe mit gesenktem Blick bearbeiten?

- Ordnen Sie die Wochentage in alphabetischer Reihenfolge.

Schweigen mit **direktem Blickkontakt** entspricht einer Aufforderung zum Sprechen bzw. Weitersprechen.

Schweigen mit Blick nach **schräg oben** fordert eine Nachdenkpause. Wer überlegen will, kann nicht weitersprechen bzw. zuhören.

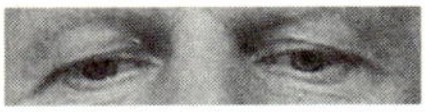

Schweigen mit Blick **nach unten** deutet auf Nachsinnen hin. Wer in sich hineinhört, prüft die Stimmigkeit und spürt seine Empfindungen.

Wenn Sie Ihren eigenen Redefluss unterbrechen, wann immer Sie Nachdenken bzw. Nachsinnen bei Ihrem Gegenüber beobachten, werden Sie drei typischen Reaktionen Ihres Gesprächspartners erleben:

- Ihr Gesprächspartner stellt den unterbrochenen Blickkontakt wieder her und fordert Sie damit körpersprachlich auf, doch bitte weiter zu reden;
- Ihr Gegenüber nutzt die entstehende Pause, um den Dialog seinerseits fortzuführen. Dabei können Sie davon ausgehen, dass Ihnen in aller Regel eine Frage zu dem gestellt wird, was Sie gerade ausgeführt haben. Ihr Gesprächspartner hat also über etwas nachgedacht und ist mit seinen Gedanken hängen geblieben;
- Der andere nimmt die entstehende Pause überhaupt nicht wahr. Mit anderen Worten, Ihr Gesprächspartner ist so mit sich beschäftigt, dass es einige Sekunden dauert, bis er den Blickkontakt zu Ihnen wieder aufnimmt.

Wer unsicher ist, ob sein Gesprächspartner wirklich nachdenkt oder -sinnt, ist gut beraten, das direkt anzusprechen, z. B.:

- Sie denken gerade nach.“
- Ihnen scheint etwas durch den Kopf zu gehen.“
- Du möchtest noch in Ruhe überlegen.“
- Dich beschäftigt gerade etwas.“

Mir wird immer wieder von Seminarteilnehmern bestätigt, dass die Beobachtung der Augenbewegungen zu einer ungeahnten

Entspannung beiträgt. Wer weiß, dass er gar nicht dran ist, kann sich entspannt zurücklehnen. Wir können darauf vertrauen, dass der andere uns schon zeigen wird, wann wir wieder sprachlich aktiv werden sollen.

Einen anderen im Gespräch zu Wort kommen zu lassen, tut seine Wirkung auch als **Gefühlsventil**. Wie schnell fühlt sich ein Gesprächspartner überrannt. Wie schnell wandeln sich seine Fragen, die er auf den Lippen hat und nicht stellen kann, zu einem Gefühlsstau. Wer genau hinschaut, kann sehen, wie der andere gleich einem Karpfen den Mund auf- und zumacht, als müsse er nach Luft schnappen. Dabei will er nur ein paar Fragen stellen. Aber der Sprechende merkt es nicht oder will es nicht merken, weil er glaubt, erst seine Argumente durchbringen zu müssen. Manchmal ist man nicht souverän genug, einen fremden Gedanken zuzulassen, weil dieser als Abweichung auf dem Weg zum eigenen Ziel empfunden wird. Dabei hätte möglicherweise gerade dieser Umweg Sympathien des Gesprächspartners eingebracht. Und Sympathie ist das schnellste Transportmittel der Welt für den Gedankentransfer.

Wer auf den körpersprachlichen Ausdruck seines Gesprächspartners bewusst reagiert, kommt mit ihm in einen Dialog. Zugleich wird ihm das Gefühl vermittelt, verstanden worden zu sein. Wer sich verstanden fühlt, ist eher bereit entgegenzukommen. Auch dieses Entgegenkommen wird körperlich sichtbar. Der andere neigt sich nach vorn, kommt Ihnen im wahrsten Sinne des Wortes entgegen.

In vielen Gesprächen tritt diese erhoffte Zu-Neigung leider nicht auf. Stattdessen lässt sich eine gewisse Erstarrung beobachten. Der Gesprächspartner sitzt (oder steht) unbeweglich, hält kaum Blickkontakt und signalisiert, dass ihn das Gehörte weder bewegt noch berührt. Weiterhin auf diesen einzureden, trägt eher zur Verfestigung und Ablehnung bei, als dass sich dieser doch noch plötzlich einen Ruck gibt und öffnet. Der andere beharrt auf seinem Standpunkt. Interessanterweise gibt es in unserer Sprache nicht das Pendant „Sitzpunkt", obgleich der körpersprachliche Bezug eindeutig ist. Das Festhalten am eigenen Standpunkt entspricht einer starren Perspektive. Und genau hier können wir den Hebel ansetzen: Wollen wir erreichen, dass unser Gegenüber etwas mit anderen Augen betrachtet, dann müssen wir erreichen, dass dieser seinen Blickwinkel ändert. Sie mögen vielleicht überrascht sein, wenn ich Ihnen vorschlage, den anderen im eigentlichen Wortsinn zu bewegen. Ein unscheinbares, aber höchst wirksames Vorgehen besteht darin, dass Sie Ihren bisherigen Platz wechseln. Bei einer Präsentation im Stehen ist es beispielsweise ein Leichtes, den ganzen Raum zu nutzen und beispielsweise eine entfernte Stellwand einzubeziehen. Sogleich wird sich Ihr Gegenüber oder auch eine ganze Gruppe von Zuhörern bewegen, um Ihnen zunächst mit Blicken, - dann aber auch im übertragenen Sinne - zu folgen.

Ein ganz ähnliches Resultat werden Sie erleben, wenn Sie Ihr Gegenüber direkt dazu auffordern, etwas in seinem Rücken anzuschauen (beispielsweise ein Plakat oder eine Stellwand). Die Bewegung zu einer völlig veränderten Sitzhaltung geht regelmäßig mit einer veränderten geistigen Haltung einher.

Auch bei Gesprächen im Sitzen lassen sich verhärtete Fronten dadurch aufbrechen, dass Sie kurz aufstehen. Öffnen Sie beispielsweise das Fenster, holen ein Sie Buch oder bieten Sie ein Getränk an. Gerade letzteres ist ein subtiler Kniff, den anderen zu bewegen. Um Ihnen die dargebotene Tasse oder das Glas abzunehmen, wird er sich aufrichten und Ihnen in diesem Moment entgegenkommen. Sie bringen den Gesprächspartner auf diese Weise dazu, wenigstens die Hände zu öffnen.

> Wer den Gesprächspartner zu einer körperlichen Haltungsänderung veranlasst, schafft die erste Voraussetzung für eine Änderung seines Standpunkts.

## 4. Der Einfluss von Emotionen aufs Gespräch

Ein Ziel dieses Kapitels ist, Ihnen den Einfluss der emotionalen Befindlichkeit des jeweiligen Gegenübers für den Gesprächsverlauf zu verdeutlichen. Ich zeige Ihnen, wie Sie bei Ihren Gesprächspartnern ständig Gefühle auslösen. Sie lernen die Risiken kennen, unabsichtlich einen anderen Menschen zu missachten oder zu demütigen. Sie erfahren, warum so verbreitete Verhaltensweisen wie Bewerten, Trösten, Interpretieren, Ratschlagen und Ausfragen gesprächsstörend wirken und Aggressionen hervorrufen können.

Es ist eine Binsenweisheit, dass Menschen, die sich in unserer Gegenwart wohlfühlen, eher geneigt sind, uns entgegenzukommen, als wenn diese sich unwohl fühlen. Und natürlich versuchen wir - in der Regel - allen Menschen mit Respekt zu begegnen, besonders, wenn wir wollen, dass sie uns wohl gesonnen sind. Doch nicht die Absicht, allein die Wirkung entscheidet über den Erfolg eines Gesprächs.

Es wäre eine Illusion, in Zukunft nur noch wertschätzend mit allen Gesprächspartnern umzugehen. Doch es kann die Augen öffnen, sich der vielen Fettnäpfchen bewusst zu werden, bei denen wir - völlig unbeabsichtigt - unserem Gegenüber unangenehme Empfindungen bereiten.

Studien aus der Gehirnforschung kommen zu folgendem Ergebnis: In kritischen Situationen übernimmt das Stammhirn, das aus der Urzeit der menschlichen Entwicklung herkommt, die Kontrolle über unser Verhalten und unsere Reaktionen. Dieser Teil des Gehirns ist auf einfache Reaktionsmuster wie Angreifen, Verstecken oder Weglaufen programmiert. Anders ausgedrückt: Das Stammhirn führt bei Stress eine Kurzschlussreaktion herbei, so dass eingehende Reize nicht verarbeitet und auch keine vernünftige Reaktion gewählt und durchgeführt werden kann. Was aber sind derartige kritische Situationen und was passiert dabei genau?

Menschen unterscheiden bei **jeder** Information, die sie hören (wie überhaupt bei jeder Wahrnehmung) zwischen **angenehm** und **unangenehm**. Ungewohnte oder mit Gefahr bzw. unangenehmen Erinnerungen verknüpfte Wahrnehmungen lösen über das Zwischenhirn und das sympathische Nervensystem eine direkte Stimulation der Nebenniere aus. Im Bruchteil einer Sekunde werden die Hormone Adrenalin und Noradrenalin in den Blutkreislauf geschickt. Diese als Stresshormone bekannten Stoffe sorgen für die schlagartige Umschaltung auf Flucht bzw. Verteidigung. Um sich beispielsweise durch Laufen in Sicherheit bringen zu können, wird die Herztätigkeit angeregt und die Muskulatur intensiv durchblutet. Gleichzeitig werden alle Prozesse, die nicht für Flucht oder Verteidigung nötig sind, gewissermaßen auf Sparflamme gesetzt. Dazu gehört neben Verdauung und Sexualität auch das Denken, also die Aktivität des Großhirns. Um nicht durch „Nachdenken" den rettenden Sprung vor dem Feind zu verzögern, hat die Natur dafür gesorgt, dass die Stressreaktion im Gehirn zu einer Denk-Blockade führt. Leider werden bei jeder Stressreaktion dieselben Mechanismen in Gang gesetzt – unabhängig davon, ob tatsächlich Gefahr für Leib und Leben besteht oder lediglich eine unangenehme Situation vorliegt, (z. B. Lampenfieber, Prüfungsangst, Beschwerde- und Kritikgespräch).

Das Wissen um diese Prozesse mag Ihnen helfen. Sie können mit größerer Gelassenheit und Souveränität reagieren, wenn Sie auf irrationale Reaktionen und Verhaltensmuster anderer Menschen stoßen. Für die Gesprächsführung resultiert daraus eine einfache Regel:

> Gesprächspartner schützen sich vor Situationen, die negative Gefühle hervorrufen und meiden diese. Dazu gehört alles, was fremd, verworren oder unklar scheint.

Das ist bereits dann der Fall, wenn der Gesprächspartner hört, oder merkt, dass seine Position nicht ernst genommen wird. Denn **alles, was jemand tut, sagt oder denkt, hält er für richtig und wichtig**.

So provozierend dieser Satz klingt, spiegelt er lediglich wieder, dass Menschen nur die Ansichten vertreten, die sie für zutreffend, also richtig halten. Selbst für den Fall, dass jemand absichtlich etwas falsch macht, trifft dieser Satz zu; er hält auch dieses Handeln im Moment für angemessen.

Es gibt eine Reihe von Verhaltensweisen, die beim Gesprächspartner ungewollt **negative Emotionen** hervorrufen. In den folgenden Abschnitten stelle ich störende Reaktionen dar, mit denen häufig auf Gesprächsbeiträge eingegangen wird. Obgleich diese Verhaltensweisen weit verbreitet sind, bergen sie alle die gleiche Gefahr: Der Gesprächspartner kann das Verhalten als unangenehm erleben. Sein Organismus behandelt dann die Information wie eine reale Gefahr und reagiert mit Stress und Aggression. Aus neurobiologischer Sicht dient die Aggression dazu, die Unversehrtheit des eigenen Körpers zu schützen und Schmerz abzuwehren. Schmerzen, die wir nicht beeinflussen können, erzeugen Aggressionen. Für unseren Zusammenhang ist folgende Entdeckung interessant: Unser Gehirn reagiert auf **Demütigung** und **Geringschätzung** genauso wie auf körperlichen Schmerz. Für das Gehirn sind körperlicher und seelischer Schmerz nahezu gleich. Hier hilft uns die Neurobiologie zu verstehen, warum Menschen auf Missachtung aggressiv reagieren.

## Verneinungen

Bereits bei einfachen Entscheidungsfragen kann die Verneinung als störend, also unangenehm empfunden werden. Dies mag damit erklärt werden, dass in der vorsprachlichen Entwicklung das Nein zu den häufigsten Wörtern gehört, die das Kleinkind zu hören bekommt. Häufig wird dieses Nein stark emotional geäußert und ist gekoppelt mit einer Lebensphase intensiver Bevormundung und Abhängigkeit. Dazu gehören auch alle verneinenden Aufforderungen, die in der Regel affektgeladen geäußert werden:

„Hören Sie doch damit auf!“
„Ich untersage Ihnen, sich dazu öffentlich zu äußern.“
„Ich verbiete dir, das noch einmal zu machen!“
„Lass das!“

> Die Verneinung kommt neben dem direkten **Nein**, auch als **nicht**, **kein** und **ohne** daher und ist mit einem emotionalen Unterton ausgestattet, der etwas Abweisendes hat:

„Magst du mit mir ausgehen?"
„Nein."
„Wie gefällt Ihnen mein Entwurf?"
„Überhaupt nicht."
„Kannst du mir für eine halbe Stunde helfen?"
„Ich habe keine Zeit."
„Wollen wir die Präsentation gemeinsam machen?"
„Ohne mich."

So plakativ diese Beispiele auch sind, machen sie doch deutlich, dass die jeweilige Antwort umgehend ein unangenehmes Gefühl auslöst. Denn wer so fragt, möchte doch eigentlich ein „Ja" hören und wird durch das erhaltene „Nein" enttäuscht. Natürlich liegt die Verantwortung für diese Enttäuschung in erster Linie beim Fragenden. Die offene Ja-Nein-Frage lässt nun mal das „Nein" genauso gut zu wie das „Ja". Dazu ein kleiner Tipp: Formulieren Sie statt der unpersönlichen Ja-Nein-Frage eine Selbstaussage, damit machen Sie das knappe „Nein" ziemlich unwahrscheinlich, beispielsweise:

„Ich möchte gern mit dir ausgehen."
„Oh, das tut mir leid, heute geht es nicht, aber gerne morgen."

Das schnell dahingeworfene „Nein" können wir jedoch in der Regel durch ein **bedingtes „Ja"** ersetzen. Das klingt nicht nur wertschätzender, sondern eröffnet auch dem Gegenüber die Möglichkeit, sich mit unseren Bedingungen auseinander zu setzen.

„Magst du mit mir ausgehen?"
„Morgen Abend habe ich Zeit, da würde es mir gut passen."
„Wie gefällt Ihnen mein Entwurf?"
„Wenn Sie an dieser Stelle XYZ ändern, würde mich das mehr ansprechen."
„Kannst du mir für eine halbe Stunde helfen?"
„Wenn du mir im Gegenzug diese Arbeit hier abnimmst, komme ich nicht unter Zeitdruck und helfe dir gerne."

„Wollen wir die Präsentation gemeinsam machen?"
„Wenn du damit leben kannst, dass ich schon ziemlich feste Vorstellungen habe, okay – sonst fragst du lieber jemand anderen."

Mir geht es keineswegs darum, in Zukunft jedes „Nein" zu vermeiden. Ist uns jedoch die positive Stimmung unseres Gegenübers wichtig, dann lohnt es allemal zu prüfen, wieweit wir mit einem bedingten „Ja" mehr gewinnen.

## Bewerten

Die sofortige Stellungnahme im Sinne von Zustimmung oder Ablehnung führt im Falle der Ablehnung verständlicherweise zu unangenehmen Empfindungen.

„Der Vorschlag bringt doch nun gar nichts."
„Das klingt zwar gut, ist aber nicht praktikabel."
„Ich finde überhaupt nicht gut, wie Sie sich verhalten."

> Die Darstellung der eigenen Meinung hat stets einen bewertenden Begleitton. Es besteht die Gefahr, dadurch den Gesprächspartner ungewollt vor den Kopf zu stoßen, wenn dessen Ansichten in eine ganz andere Richtung gehen.

Aber auch die Zustimmung muss keinesfalls automatisch als wohltuend empfunden werden. Das merkt beispielsweise jeder Schüler, dessen Klassenarbeit von den Eltern gelobt wird. Er spürt, welche zukünftigen Leistungen erwartet werden oder hört heraus, dass ihm diese Leistung eigentlich gar nicht zugetraut worden war.

Sobald in einem Gespräch einer der Partner seine Bewertung eines Sachverhalts mitteilt, wird der andere automatisch dazu veranlasst, Stellung zu beziehen. Wobei Sie beobachten können, dass der Bewertende in der Regel davon ausgeht, dass alle anderen ihm zustimmen. Doch weit gefehlt: Häufig lässt sich feststellen, dass sich die Gesprächspartner abgrenzen, die Äußerung relativieren oder entschieden ablehnen. Die Folge sind negative Emotionen.

Darüber hinaus bringen wertende Äußerungen eine moralische Komponente ins Gespräch (was ist gut und was ist schlecht?), die leicht vom Wesentlichen ablenken kann. Der Gesprächspartner ist genötigt, sich mit der wertenden Äußerung auseinander zu setzen, was ihm die Möglichkeit rauben kann, seinem eigenen Gesprächsziel zu folgen. Zur Veranschaulichung führe ich noch zwei plakative Beispiele an:

„Das ist prima, dass Sie sich für unser neues Follow-Up entschieden haben. Sie wissen ja, wir wollen stets nur Ihr Bestes."
Der Kunde bekommt womöglich einen Schreck, und fragt sich, ob er wirklich so schnell sein Bestes hergeben soll.
„Das ist nicht sinnvoll, in so kurzen Abständen die Anlagestrategie komplett zu ändern."
Der Kunde hört, dass er etwas falsch macht und fühlt sich gemaßregelt. Im schlimmsten Fall reagiert er patzig: „Ist das Ihr Geld oder meines?"

Hinter der Formulierung von „richtig" bzw. „falsch", steckt ein uneingeschränkter Wahrheitsanspruch. Was für die Mathematik einleuchten mag (2 + 2 = 4 ist richtig), trifft aber für die persönlichen Bewertungen keineswegs zu.

„Es ist richtig, sich dafür zu entscheiden."
„Es ist falsch, sich so festzulegen."

Sie haben vielleicht schon bemerkt, dass die wertenden Äußerungen fast immer in der unpersönlichen Form des „es ist" daher kommen. Dahinter verbirgt sich ein Absolutheitsanspruch, der ein Hinterfragen dieses Standpunktes unnötig erscheinen lässt und mit dem der Gesprächspartner ungefragt vereinnahmt wird. Vergleichen Sie wie leicht bzw. wie schwer Ihnen eine Reaktion bei den folgenden Beispielen einfällt:

„Der Film ist langweilig."
„Ich habe mich während des Films gelangweilt."
„Das Essen schmeckt nicht."
„Mir schmeckt dieses Essen nicht."
„Paul ist unzuverlässig."
„Ich habe mit Paul schlechte Erfahrungen hinsichtlich seiner Zuverlässigkeit gemacht."

Noch vereinnahmender sind Formulierungen, die gewissermaßen die Allgemeinheit mit einbeziehen:

- Es ist doch offensichtlich (offenkundig, offenbar), dass …
- Es ist klar (deutlich, unverkennbar), dass …
- Jeder sieht ein (versteht, erkennt), dass …
- Augenscheinlich (mit Gewissheit, bekanntermaßen) ist …
- Es ist unzweifelhaft (zweifelsfrei, unbezweifelbar), dass …

Wer hier eine andere Meinung hat, muss zu erkennen geben, dass ihm etwas nicht klar, verständlich oder bekannt ist. Man muss öffentlich zugeben, etwas nicht zu wissen, was scheinbar alle anderen kennen. Das ist für viele Menschen mit unangenehmen Begleitgefühlen verbunden. Darum schweigen sie dann lieber.

Dieser Abschnitt mag Ihnen deutlich gemacht haben, welches Risiko wir eingehen, anderen Menschen unsere Bewertung mitzuteilen.

Statt nun ganz und gar auf Bewertungen zu verzichten, schlage ich Ihnen vor, zu prüfen, inwieweit Ihr Gegenüber an Ihrer Meinung interessiert ist. Wo dies der Fall ist, werden die negativen Emotionen kaum auftreten. Der andere möchte sich ja mit Ihnen und Ihrer Sicht der Dinge auseinandersetzen. Folgende Satzanfänge mögen Ihnen bei diesem Vorgehen behilflich sein:

- „Ich frage mich gerade, ob Ihnen an meiner Bewertung gelegen ist."
- „Ich weiß nicht, wieweit Sie meine Meinung hören möchten."
- „Ich überlege mir gerade, wie sehr Sie meine Sicht dazu interessiert."

Allerdings birgt diese Methode ein Risiko: Ihr Gesprächspartner ist nicht an Ihrer Meinung interessiert bzw. lässt Sie gar nicht zu Wort kommen, wie im folgenden Beispiel:

„Ich denke gerade darüber nach, ob Sie meine Einschätzung dazu erfahren möchten."
„Oh doch, das interessiert mich brennend. Wissen Sie, es ist nämlich folgendermaßen, ich habe mir überlegt, am besten wäre es doch, wenn …" usw.

Wer prüft, wann andere seine Meinung kennen lernen möchten, wird bald entdecken, dass dies nur sehr begrenzt passiert. Das mag zunächst schmerzlich sein, doch wem nützt es, etwas mitzuteilen, was keinen interessiert, geschweige denn erbeten wurde.

## Herunterspielen

Eine besondere Form des Bewertens ist das Herunterspielen oder Bagatellisieren. Diese Reaktionsweise tritt häufig dort auf, wo Menschen ihre negativen Gefühle zum Ausdruck bringen. Das kann Erregung oder Zweifel sein, beinhaltet aber ebenso Angst oder Wut wie auch Enttäuschung und Trauer. Statt sich in die Lage des Gegenübers zu versetzen und zu überlegen, was ihm Mut macht oder wirklich Trost spendet, wird ihm vermittelt, dass er die Situation falsch einschätzt. Wer bagatellisiert, tut sich schwer, die momentane Befindlichkeit eines anderen ernst zu nehmen. Stattdessen soll der Gesprächspartner durch Beschwichtigen wieder auf den Boden der Realität zurückgeholt werden. Dadurch fühlt er sich unverstanden und es wird dabei nicht auf ihn eingegangen.

> Herunterspielen wird unterschwellig als Kritik empfunden. Das führt zu entsprechend negativen Begleitgefühlen.

Auch tröstende und ermutigende Äußerungen vermitteln leicht die Botschaft von „Kopf hoch!“ bzw. „Nur Mut, es wird schon werden.“ Derartige Bemerkungen zielen auf Beruhigung und Ausgleich ab. Dahinter steht zumeist der Glaube, die Sache bzw. das Problem dürfe nicht noch stärker dramatisiert werden. Dabei zeigt sich, dass gutgemeinter Zuspruch eher als Herunterspielen wahrgenommen wird. Der Gesprächspartner möchte sich nicht mit den negativen Gefühlen des anderen auseinandersetzen. Er trachtet danach, dass dieser sich anders fühlen und damit anders verhalten soll.

„Machen Sie sich nichts daraus, der hat schon ganz andere vor Ihnen fertiggemacht,“ sagt ein Kollege zum anderen, als dieser völlig verstört vom Chef kommt.

„Sie schaffen das schon," antwortet der Vorgesetzte auf die Sorgen des Mitarbeiters wegen unüberwindlich scheinender Terminprobleme.
„Das ist doch halb so schlimm," erwidert ein Lieferant, der wegen einer verspäteten Sendung zur Rede gestellt wird.

Es gilt zunächst zu prüfen, ob der Gesprächspartner tatsächlich der Aufmunterung bedarf. Wer den Kopf nicht hängen lässt, bzw. nicht mutlos ist, kann derartige Reaktionen leicht als betuliches Gehabe aufnehmen und sich entsprechend unwillig abwenden.

Da beschwert sich ein Kunde: „Ich hatte doch letzte Woche mit Ihnen telefonisch besprochen, dass Sie die Überweisung veranlassen. Jetzt wirft uns unser Lieferant eine schlechte Zahlungsmoral vor. Das ist rufschädigend!"
Beschwichtigend äußert der Kundenbetreuer: „Machen Sie sich keine Sorgen, ich kümmere mich sofort darum."
Doch statt sich zu beruhigen, empört sich der Kunde: „Na, Sie haben gut reden, das ist ja auch nicht Ihr guter Ruf, an dem da gekratzt wird."

Sie können beobachten, wie Menschen auf gutgemeintes Herunterspielen reagieren: Häufig werden Sie ein gequältes Lächeln bemerken und Reaktionen, die zu einem raschen Ende des Gesprächs führen. Wer sich so unverstanden fühlt, bemüht sich nicht länger doch noch ernst genommen zu werden, sondern bringt sich lieber in emotionale Sicherheit.

## Sofortige Lösung

Eine Redewendung sagt: „Ratschläge sind auch Schläge." Dies gilt ganz besonders für ungebetene Ratschläge. Das rasche, meist voreilige Anbieten einer Lösung, eines Ratschlags kann den Gesprächspartner einengen. Dieser spürt, dass er zu einem bestimmten Verhalten gebracht werden soll. Er verschließt sich deswegen häufig und neigt dazu, sich gegen die Lösung abzuschotten, selbst wenn diese objektiv betrachtet sogar nützlich wäre. Die unterschwellige Botschaft des ungebetenen Ratschlags lautet: „Ich traue Ihnen nicht zu, allein klar zu kommen." Das Hauptanliegen bei **rat-schlagenden** Auseinandersetzungen scheint häufig darin zu bestehen, den anderen so zu ändern, dass dieser einem ins Konzept passt. Einen anderen ändern zu wollen, heißt aber auch, ihn so, wie er ist, **nicht** zu **akzeptieren**. Dies führt zum Gefühl, abgelehnt bzw. so nicht respektiert zu werden.

> Wer Ratschläge oder Lösungen geben will, prüfe vor jeder Empfehlung, wieweit der andere wirklich einer Anregung bedarf.

Damit sollen keineswegs Ratschläge und Lösungen generell verworfen werden. Wir können jedoch auch hier mit einfachen Wendungen prüfen, ob unsere gutgemeinten Tipps erwünscht sind:

- „Ich bin mir im Moment nicht sicher, wieweit Sie meinen Rat möchten."
- „Ich frage mich gerade, ob Ihnen eine Empfehlung meinerseits weiterhilft."
- „Ich überlege mir, ob es Sie interessiert, was ich täte."

Diese reflexiven Fragen, die einem lauten Nachdenken gleichen, fordern den Gesprächspartner indirekt auf, sich zu äußern. Ist der andere an Ihrer Empfehlung interessiert, dann wird er genau dieses sagen, Sie anschauen und schweigen. Viel häufiger fällt die Antwort jedoch so aus:

„Ja, also ich habe mir folgendes gedacht: ..."
Und dann redet der Ratsuchende und gibt dem Gesprächspartner keine Gelegenheit mehr zu Wort zu kommen.

Aber auch der erbetene Ratschlag löst nicht zwangsläufig Freude aus. Es gehört zu den allgemeinen Gepflogenheiten, andere um Rat zu bitten, wenn man eigentlich erreichen möchte, dass sie sich bestätigend zu den eigenen Ansichten äußern. Auch hier hilft die empfohlene Reflexionsschleife:

„Sagen Sie mir doch mal, was Sie mir empfehlen können."
„Ja gern. Ich bin mir im Moment noch nicht sicher, in welche Richtung meine Empfehlung gehen soll."

Vordergründig scheinen die ungebetenen Ratschläge ein Bemühen um Lösungsmöglichkeiten, also um Hilfe für den Gesprächspartner zu sein. Doch im tieferen Sinne wird durch dieses Verhalten die eigene Schlagfertigkeit, Kompetenz, Lebenserfahrung, eben Überlegenheit demonstriert. Das kann im Gegenüber zum unangenehmen Gefühl der Unterlegenheit führen.

Dies kann geradezu dramatische Konsequenzen haben, wenn das bloße **Mitteilungsbedürfnis** bereits als Hilferuf missverstanden wird. Dazu berichtete mir ein Seminarteilnehmer:

Er wurde im Büro von seiner Frau angerufen. Diese musste bei der Rückkehr vom Einkaufen feststellen, dass die Waschmaschine ausgelaufen war. Die ganze Küche stand unter Wasser. In ihrer Verzweiflung rief sie ihren Mann an. Seinen Ratschlag, den Kundendienst anzurufen, quittierte sie nur mit einem trockenen: „Für wie blöd hältst du mich eigentlich."
Sein gut gemeinter Ratschlag ging meilenweit an ihrem Bedürfnis, sich ihren momentanen Frust von der Seele zu reden, vorbei.

Wer meint, dies sei ein Einzelfall, möge die Regel beherzigen, vor jedem Ratschlag zu prüfen, ob der andere diesen auch wirklich erwartet.

An dieser Stelle ein Hinweis um Missverständnisse zu vermeiden: In der Regel betrachten Männer die Schilderung eines Problems unreflektiert als Aufforderung, dafür sofort eine Lösung zu erarbeiten. Wohingegen Frauen eher dazu neigen, die emotionale Befindlichkeit dessen zu erfassen, der sich mit besagtem Problem herumschlägt und darauf zunächst erst mal einzugehen.

## Interpretieren/Unterstellen

Viele Menschen verstehen nur das, was sie verstehen wollen. Folgerichtig betonen sie nur das, was ihnen wichtig erscheint. So kommt es vor, dass die Aussage des Gesprächspartners verzerrt, bzw. sein Gedankengang verfremdet wird. Die Unterstellung zeigt dem Gegenüber zugleich auch die eigene Überlegenheit.

> Dem anderen die „wahren" Ursachen seines Verhaltens zu präsentieren, unterstreicht die eigene diagnostische Kompetenz. Außerdem hat es etwas Detektivisches.

Doch die meisten Menschen finden keinen Gefallen daran, von anderen durchschaut zu werden. Man muss schon sehr selbstkritisch sein und über den eigenen Schatten springen, um freimütig zugeben zu können, dass der Gesprächspartner mit seiner Unterstellung recht haben könnte.

„Der Hinweis auf Ihre viele Arbeit scheint mir doch nur ein Vorwand zu sein. In Wirklichkeit haben Sie Probleme in der Zusammenarbeit mit den Kollegen."

Die Gefühle werden noch viel negativer berührt, wenn die Unterstellung eine völlige Fehlinterpretation ist. Dann besteht noch das zusätzliche Risiko, dass die Äußerung als Vorwurf aufgefasst wird, was in jedem Fall mit heftiger emotionaler Erregung einhergeht. Folgende Beispiele konnte ich in letzter Zeit aufschnappen:

„Das sagen Sie doch nur, weil Sie sich fürchterlich ärgern, nicht rechtzeitig auf meine Warnung gehört zu haben."
„Ich halte Ihr Zögern für eine Ausflucht. In Wirklichkeit wollen Sie doch gar nicht."
„In Wahrheit bist du doch nur neidisch."

Bei manch einer vehement abgelehnten Interpretation lässt sich im Nachhinein feststellen, dass sie einfach zu früh kam. So dokumentiert dieses Verhalten die eigene **Ungeduld** und den **Zweifel**, dass der Gesprächspartner von selbst etwas erkennen kann. Bei diesem kann das Gefühl entstehen, abgelehnt zu werden, was die besprochene Stressreaktion nach sich zieht.

## Ausfragen

Wer fragt, bemüht sich, mehr zu erfahren und lenkt das Gespräch in die Richtung, die ihm wichtig erscheint. Es geht dabei jedoch vorwiegend um die Befriedigung der Neugier des Fragers, als um das Bemühen, ein Gespräch zustande- bzw. voranzubringen. Wie nötigend dieses Gesprächsverhalten sein kann, kennen die meisten wahrscheinlich noch aus ihrer Kindheit, als sie Mühe hatten, sich den vielen Kontrollfragen zu entziehen:

„Wo warst du?"
„Hast du deine Schularbeiten gemacht?"
„Mit wem spielst du?"
„Warum kommst du erst jetzt?"

Besonders beliebt sind Fragen vom Ja-Nein-Typ. Dabei wird der Befragte in das Raster des Fragers gezwängt, das ihm nur noch gestattet, zuzustimmen oder abzulehnen. Der Vorteil dieser **engen Fragen** liegt in ihrer starken Lenkung. Die Verantwortung für die weitere Gesprächsentwicklung liegt ausschließlich beim Fragenden, er bestimmt, worüber gesprochen wird. Die Rollenverteilung zwischen dem aktiv Fragenden und dem reaktiv Antwortenden begünstigt ein Abfragen von Fakten. Das macht den Gesprächspartner nur zu leicht zu einem Objekt diagnostizierender Betrachtung. Die Folge sind entsprechend unangenehme Gefühle.

Die andere Form des Fragens stellen die **weiten Fragen** dar. Fragewörter fangen im Deutschen alle mit dem Buchstaben „W" an, weswegen auch von W-Fragen gesprochen wird. Hier enthält die Frage bereits einer Unterstellung, die möglichst nicht mehr hinterfragt werden soll.

„Wo klemmt es?" (Setzt voraus, dass etwas nicht funktioniert.)
„Warum quälen Sie sich so?" (Setzt Qualen voraus.)
„Was möchten Sie trinken?" (Setzt Durst voraus.)

Oft werden Fragen damit legitimiert, dass man schließlich dem anderen das eigene Interesse zeigen möchte. Nichts gegen Anteilnahme, doch, wer fragt, befriedigt eher sein eigenes Interesse und stillt seine Neugierde.

> Wer das Gespräch mit Fragen strukturiert, gerät leicht unter Druck, sich auch weiterhin für den Gesprächsverlauf verantwortlich zu fühlen.

Es lässt sich beobachten, dass der Antwortende Rede und Antwort steht. Doch er konsumiert die Fragen gewissermaßen und verzichtet darauf, dem Gespräch seinerseits eine Richtung zu geben.

„Wie kommst du mit dem neuen Projekt voran?"
„Ach, es geht so. Die Fortschritte sind eher mager."
„Auf wann ist der Abschluss terminiert?"
„Ende März."
„Wie viele seid Ihr eigentlich?"
„Im Moment fünf."
„Hast du schon mit deinem Chef darüber gesprochen?"
„Nein, bislang noch nicht."
„Gibt es die Möglichkeit der Terminverlängerung?"
„Nein, ich glaube nicht."

Der Frager kommt aus seiner einmal eingenommenen Position nur noch schwer heraus. Das Gespräch entpuppt sich in Wirklichkeit als Interview mit Verhörcharakter. Dem Leser sei empfohlen, dazu ein Experiment zu machen: Beginnen Sie ein beliebiges Gespräch mit ca. fünf Fragen und versuchen Sie dann, aus der Frageposition in einen Dialog zu wechseln.

Bevor Sie das nächste Mal Ihrer Fragelust nachgeben, prüfen Sie bei Ihrem Gegenüber, wieweit er bereit ist, sich befragen zu lassen, beispielsweise:

„Ich bin mir nicht sicher, wieweit ich Sie zu diesem Aspekt etwas fragen kann."

Sie werden erstaunt sein, wenn Ihr Gegenüber plötzlich lossprudelt, ohne dass Sie überhaupt eine Frage gestellt haben. Vielleicht entdecken Sie sogar: Ihr Gesprächspartner spricht über einen Gesichtspunkt, nach dem Sie niemals gefragt hätten, der ihm aber im Moment wichtig ist.

Wenn Sie Fakten abfragen müssen, probieren Sie einmal:

„Wenn Sie einverstanden sind, stelle ich Ihnen jetzt einige Fragen zu XYZ."

Sie werden überrascht sein, wenn sich Ihr Gesprächspartner unaufgefordert zu einzelnen Punkten äußert.

Am Anfang dieses Kapitels hatte ich bereits ausgeführt, dass wir – trotz besten Willens – nicht immer ausschließen können, unseren Gesprächspartnern unangenehme Gefühle zu bereiten. Doch die Kenntnis dieser fünf gängigen Reaktionen (Bewerten, Herunterspielen, sofortige Lösung, Interpretieren/Unterstellen,

Ausfragen) führt bereits zu einer veränderten Sensibilität. Viele Seminarteilnehmer berichten mir, dass ihnen plötzlich bewusst wurde, wie sie von anderen behandelt werden. Unversehens wurde ihnen klar, warum sie sich bei manchen Gesprächen so schnell unwohl fühlten. Andere waren ganz erstaunt, wie oft sich diese Verhaltensweisen bei fremden Gesprächen beobachten lassen. Ehe Sie nun beginnen, andere Leute zu beobachten oder darüber nachsinnen, wie sie sich von ihren Gesprächspartnern behandelt fühlen, biete ich Ihnen zwei Beispiele an, an denen Sie prüfen können, wie Sie auf die jeweilige Erwiderung reagieren:

Im Restaurant fragt der Gast die vorbeieilende Bedienung mit zurückhaltender Stimme:
„Entschuldigung, können Sie abschätzen, wie lange ich noch auf mein bestelltes Essen warten muss?"
„Bei wem hatten Sie denn bestellt? Und was war das denn?"

Ehe Sie weiterlesen: Machen Sie sich gerade bewusst, wie Sie sich fühlen würden, falls Sie so eine Antwort bekämen und wie Ihre Reaktion darauf ausfallen würde.

In der folgenden Erwiderung wird das Ausfragen durch eine Unterstellung ersetzt. Wie fällt Ihre Reaktion dabei aus?

„Sie haben vermutlich nicht von der Tageskarte gewählt. Da dauert es dann entsprechend."

Auch wenn jede Äußerung für sich berechtigt sein mag, trägt sie keineswegs zum Wohlbefinden des Gastes bei. Auch die „sofortige Lösung" wird zwar gern angewendet, löst aber kaum angenehme Gefühle aus.

„Darf ich Ihnen auf Kosten des Hauses einen kleinen Vorspeisenteller reichen. Der Reisebus im Hinterzimmer hat unsere Küchenplanung über den Haufen geworfen."

Der „kleine Vorspeisenteller" mag zwar über den größten Hunger hinweghelfen, geht aber nicht auf die Belange des Gastes ein. Wie ernstgenommen fühlen Sie sich, wenn Sie diese zeitraubenden Fakten erst auf Nachfragen erfahren?

Auch ein Herunterspielen ist schnell gesagt, ohne sich der möglichen Wirkung bewusst zu werden:

„Machen Sie sich keine Sorgen, bei uns ist noch keiner verhungert. Ihr Essen wird schon noch kommen."

Und wie fällt Ihre Reaktion aus, wenn Sie sich unvermittelt kritisiert fühlen?

„Sie sehen doch, was hier für Betrieb ist und dass ich allein bin."

Auch wenn mancher Leser den Kopf schüttelt, folgende Antwort wurde mir als Gast auf meine geäußerte Frage gegeben:

Kellner weitereilend über die Schulter: „Nein, weiß ich nicht."

Ich möchte die Bedienung in Schutz nehmen. Keine dieser Reaktionen ist bewusst geringschätzig. Im Gegenteil, wir können der Bedienung unterstellen, dass sie beabsichtigt, jeden Gast zufrieden zu stellen. Aber nicht die Absicht, allein die Wirkung entscheidet über den Erfolg.

Sie mögen sich im Anschluss an dieses Beispiel fragend erinnern: Welche Restaurantbesuche verliefen so, dass Ihre Bereitschaft dort noch einmal einzukehren gegen Null ging. Lag es am schlechten Essen? War es die Atmosphäre oder die fehlenden Parkplätze, die Sie gestört haben? Oder haben Sie sich unwohl gefühlt, weil Sie nicht so behandelt wurden, wie Sie sich das vorgestellt hatten?

Beim folgenden Beispiel liste ich die fünf Reaktionen direkt untereinander auf. Sie haben nicht nur Gelegenheit Ihre unterschiedlichen Reaktionen zu vergleichen, sondern auch das zugrundeliegende Verhalten zu benennen:

Ein Kunde äußert zögernd in einem Uhrengeschäft:
„Entschuldigung, eigentlich hatte ich gedacht, dass die Uhr auf die Sekunde genau gehen würde. Aber mittlerweile geht sie über eine Minute nach."
„Wann haben Sie die Uhr denn gekauft? Und in welchem Zeitraum geht die Uhr nach?"
„Es ist gut, dass Sie noch mal kommen. Eine berechtigte Reklamation lässt sich nämlich so viel leichter beim Hersteller durchsetzen."
„Da haben Sie wahrscheinlich die Krone nicht richtig reingedrückt, dann verliert die Ganggenauigkeit etwas an Schwung."
„Lassen Sie mir die Uhr bitte zwei Tage da. Ich werde Sie genau justieren."

„Eine Minute ist ja zum Glück nicht die Welt. Aber Sie können ganz unbesorgt sein, Ihre Uhr wird selbstverständlich noch einmal nachjustiert."

Das weitere Kundenverhalten hängt nicht nur davon ab, ob der Kunde zu seinem Recht kommt. Es geht auch um die Frage, ob er mit seinem Anliegen ernst genommen wurde. Hier zeigt sich **professionelles Reklamationsmanagement**: Den spezifischen Ärger des Kunden zu erkennen und anzusprechen. Erstaunlicherweise löst sich der Unmut des Kunden so viel schneller auf oder kommt gar nicht erst zum Explodieren. Verzieht der Uhrmacher die Miene oder behandelt den Vorfall gar nur weitgehend wortlos und mit versteinerter Miene, wird der Kunde bei entsprechender Wahlmöglichkeit beim nächsten Mal ein anderes Geschäft bevorzugen.

Doch jeder kann einen unzufriedenen Kunden in einen begeisterten Kunden verwandeln. Dazu wird der Kunde mit seinem Ärger, seinem Unmut oder seiner Genervtheit vor allem ernst genommen. Ihm wird Verständnis entgegengebracht und im Rahmen der Reklamation mehr getan, als er erwartet hat. Vielleicht wird er von derart professionellem Beschwerdemanagement sogar noch weiteren Menschen begeistert erzählen. Folgender einfühlsam und glaubwürdig vorgebrachte Satz des Uhrmachers könnte einen positiven Effekt hervorbringen:

„So ein Ärger! Ich kann mir gut vorstellen, dass Sie da ziemlich frustriert waren, schließlich wollen Sie sich doch an dieser schönen Uhr erfreuen."

Wie oft schütteln wir stattdessen verzweifelt den Kopf. Unser Gesprächspartner hat wieder einmal nicht verstanden, was wir ihm eigentlich sagen wollten bzw. gemeint haben. Erfolgreiche Kommunikation orientiert sich jedoch nicht daran, was wir gemeint haben und was wir sagen wollten. Entscheidend ist, was angekommen ist.

Für eine erfolgreiche Kommunikation gibt nicht die gesendete, sondern die richtig empfangene Botschaft den Ausschlag. Nicht Ihre Absicht entscheidet über den weiteren Fortgang des Gesprächs.

> Es ist die Reaktion des anderen auf das, was Sie gesagt haben, und was beim anderen davon – nach dessen Interpretation – angekommen ist.

Wenn Sie dies übernehmen, werden Sie in Ihrer Kommunikation immer häufiger darauf achten und prüfen, was bei Ihrem Gegenüber angekommen ist. Wie würde Ihr Gesprächspartner das Fazit des Gesprächs zusammenfassen? Die Antwort auf diese Frage ist häufig sehr interessant: Dadurch wird offenbar, dass Ihr Gesprächspartner manche Aussagen ganz anders gewichtet, als Sie das vielleicht für angemessen halten.

Einstellungen, Interessen und Handlungen werden viel stärker vom Gefühl als vom Verstand gesteuert. So wird deutlich, warum es für den Gesprächserfolg unerlässlich ist, den **emotionalen Bereich** des Gesprächspartners zur Zustimmung zu bewegen.

Auch wenn es manchem schwer fallen mag: Wer erfolgreich kommunizieren will, konzentriert sich auf die **Wünsche, Bedürfnisse, Erwartungen, Interessen, Vorurteile und Kenntnisse** des Gesprächspartners. Er verzichtet gleichzeitig darauf, sich selbst und die eigene Überzeugung in den Mittelpunkt zu rücken.

## 5. Emotionen erkennen und bewusst gestalten

Dieses Kapitel behandelt weiterhin die Gefühle Ihres Gesprächspartners. Ein kurzer Ausflug in die Arbeitsweise unseres Gehirns macht verständlich, warum wir so reagieren, wie wir es tun. Sie lernen Möglichkeiten kennen, auf unangenehme Emotionen wie Ärger, Zweifel oder Enttäuschung einfühlsam zu reagieren. Sie erfahren, warum es keine bewussten Gefühle gibt. Sie können diese Erkenntnis nutzen, um die Emotionen des Gegenübers nicht nur zu stoppen, sondern positiv zu gestalten. Dadurch können Sie jede gefühlsgeladene Situation entschärfen. Am Ende lernen Sie die Spontan-Paradoxie kennen. Diese erlaubt ihnen, Gefühle im Vorfeld ihrer Entstehung aktiv zu beeinflussen und die Beziehung zum anderen respektvoll zu klären.

Im vorangegangenen Kapitel ging es zuletzt darum, wie wir andere Menschen verstehen und ihnen dies auch vermitteln können. Diese Fähigkeit zur Einfühlung wollen wir nun weiter nutzen, um auf die Gefühle unserer Gesprächspartner einzuwirken.

Ich will nicht verhehlen, dass es viele Menschen gibt, die glauben, auf Einfühlungsvermögen verzichten zu können. Vor allem technisch orientierte Menschen definieren sich und ihren Selbstwert häufig über ihr fachliches Know-how. Viele von ihnen meinen, dass nur Fachkompetenz und harte Fakten den Erfolg ausmachen und sie die Bedeutung der zwischenmenschlichen Beziehung vernachlässigen können.

Andere Menschen setzen ihre Interessen durch ihre Macht, ihren Status bzw. ihre Stärke durch. Derartiges Vorgehen finden Sie nicht nur bei Führungskräften, auch viele Eltern und Lehrer nutzen die ihnen zur Verfügung stehenden Belohnungs- und Bestrafungsmechanismen. Statt sich wirklich in den anderen hineinzuversetzen, wird dieser in einer überwiegend befehlsartigen Form behandelt. Besonders deutlich tritt diese Haltung bei Kunden zutage. Viele gehen davon aus, dass ihr Geld sie bereits berechtige, ohne Rücksicht auf ihr Gegenüber Forderungen zu stellen und auf ihre „berechtigten" Ansprüche zu pochen.

Die Kunst, befriedigende Beziehungen zu anderen zu knüpfen und zu unterhalten, liegt zum großen Teil in der Kunst, die Emotionen anderer zu verstehen und angemessen auf diese einzugehen.

Im Umgang mit anderen Menschen unterscheiden wir Beziehungen mit unterschiedlichen Aufgaben: In einer Paarbeziehung ist partnerschaftliches Verhalten erwünscht, die Erziehung von Kindern beinhaltet auch den Aspekt der Lenkung. Im Beruf verlangt man Teamfähigkeit oder Führungsqualität von Ihnen, und im Alltag mit anderen Menschen erwartet man einfach nur Aufmerksamkeit. Doch unabhängig von der Art der Beziehung möchte jeder das Gefühl haben, wirklich verstanden zu werden. Ich verallgemeinere: Alle Menschen legen Wert darauf, **ernst genommen zu werden**. In manchen Situationen können Menschen ausgesprochen unangenehm werden, wenn auf ihre Gefühle nicht angemessen reagiert wird.

Vielleicht kennen Sie Menschen, die dazu neigen, so lange auf ihre „emotionale Tube“ zu drücken, bis sie gehört werden, d.h. bis sie sich verstanden fühlen. Die einen werden immer lauter, andere zeigen ihre Unzufriedenheit durch beleidigtes Schweigen; wieder andere werden ausfallend und patzig. Auch betonte Sachlichkeit kann eine mögliche Reaktion sein. Trotz dieser unterschiedlichen Handlungsweisen verfolgen alle dasselbe Ziel: Sie möchten gern verstanden und akzeptiert werden.

Wenn Sie Ihrem Gesprächspartner dieses Gefühl geben, ist die Wahrscheinlichkeit sehr groß, dass auch Sie gehört und verstanden werden. Jemanden zu verstehen, heißt ja nicht zwangsläufig, dass wir auch seine Ansichten teilen müssen! Verstehen meint lediglich: Sich in den anderen hineinzudenken oder anders ausgedrückt: Die Lage des anderen nachzuvollziehen. Nichts anderes drückt das viel zitierte Bonmot *Henry Fords* aus:

„Wenn es ein Geheimnis des Erfolgs gibt, so ist es das, den Standpunkt des anderen zu verstehen und die Dinge mit seinen Augen zu sehen.“

Bei dieser Art des Verstehens, versuchen Sie herauszufinden, was der andere wirklich meint und was sich hinter seinen Worten zusätzlich an Gefühlen verbirgt.

Natürlich können Sie jetzt einwenden, dass dies doch eigentlich die Aufgabe des anderen sei, genau mitzuteilen, was er meint. Stimmt, doch leider sieht die Realität ganz anders aus. Wir erfahren in der Regel nicht, was der andere denkt und beabsichtigt. Weder berufliche noch private Gespräche weisen diese wünschenswerte Klarheit auf. Das ist häufig Absicht, um das Gegenüber bewusst im unklaren zu lassen. Manchmal ist es auch Gedankenlosigkeit, weil man sich nicht die Mühe macht, den anderen an den eigenen Überlegungen teilnehmen zu lassen.

Was meint der andere wirklich, wenn er sagt:
„Wie gut, dass du noch daran gedacht hast, das zu erledigen."
Bedeutet das: Erleichterung? Dankbarkeit? Anerkennung?
„Dein Schreibtisch ist ziemlich unordentlich."
Heißt das: Widerwillen? Abneigung? Aufforderung?
„Ich brauche umgehend eine aktuelle Ersatzteilliste."
Meint der Sprecher: Zeitdruck? Vorwurf? Klage?
„Die Präsentation für nächste Woche nimmt unheimlich viel Zeit in Anspruch, hoffentlich schaffe ich das überhaupt."
Hören wir daraus: Sorge? Unsicherheit? Zweifel?

Man mag mir entgegenhalten, dass sich doch Vieles aus dem Kontext erschließt. Hier im Buch sind die Sätze aus dem Zusammenhang gerissen, der doch üblicherweise die Bedeutung einer Äußerung ergibt. Das stimmt nur teilweise, denn ein Teil dieses sogenannten Zusammenhangs ergibt sich durch unsere Interpretation. Und weil uns diese Interpretation so vertraut ist, halten wir sie fälschlicherweise für eine Tatsache, die uns objektiv erscheint.

Nachstehendes Gespräch konnte ich zufällig mitverfolgen, als ein Mitarbeiter sich mit folgendem Kundenwunsch konfrontiert sah:

„Ich brauche umgehend eine aktuelle Ersatzteilliste."
„Tut mir leid, die neue Ersatzteilliste kommt erst nächste Woche raus."
„Solange kann ich nicht warten, die brauche ich sofort."
„Das kann schon sein, aber das ändert nichts daran, dass die neue Liste erst nächste Woche fertig wird."
„Das darf doch nicht wahr sein! Irgendeine Liste muss doch jetzt gültig sein."

„Bedaure, aber wir stellen diese Woche unser EDV-Programm um, und das dauert nun mal seine Zeit."
„Wollen Sie mich auf den Arm nehmen? Geben Sie mir mal Ihren Chef!"
„Der kann Ihnen auch nichts anderes sagen, aber bitte, wie Sie wollen."
Das Gespräch wurde durchgestellt:
„Also, ich hatte schon Ihrem Mitarbeiter versucht zu erklären, dass ich umgehend eine aktuelle Ersatzteilliste benötige. Das muss doch möglich sein."
„Ja, natürlich. Sie stehen da unter Zeitdruck."
„Das kann man wohl sagen. Ich soll bis heute Nachmittag eine Kostenaufstellung für ein größeres Vorhaben zusammenstellen."
„Klar, das duldet kein Zögern. Wenn Sie sagen Kostenaufstellung, überlege ich mir gerade, ob Sie die Teilenummern benötigen oder die Preise."
„Nur die Preise. Wissen Sie, die stehen doch auf der Liste bei den Teilenummern immer in Klammern dahinter."
„Stimmt. Dann faxen wir Ihnen sofort die alte Liste zu. Die Preise sind unverändert, aber ab nächster Woche gibt es neue Teilenummern. Das bringt eine Programmänderung so mit sich."
„Prima, mich interessieren nur die Preise."

Natürlich hatte der Mitarbeiter recht mit dem, was er sagte. Aber seine Antwort war faktenorientiert und nicht auf seinen Gesprächspartner ausgerichtet. Wir brauchen nicht viel Phantasie, uns auszumalen, wie hier ein Kunde womöglich vergrault worden wäre. Zum Glück ließ sich klären, was der Kunde eigentlich wollte.

Wenn Sie jedoch **aktiv zuhören**, beschäftigen Sie sich mit der Frage, was den anderen wirklich bewegt und was er, – mit dem was er sagt, – erreichen will. Sie gewinnen dadurch eine bessere Position, denn Sie können die Gedanken und Empfindungen Ihres Gesprächspartners wirkungsvoll in Ihre eigenen Aussagen einflechten.

Die Beschäftigung mit freundlichen Gefühlen wie Zuversicht, Heiterkeit oder Erleichterung mag ganz einfach sein. Aber wie ist das mit den unangenehmen, ja störenden Gefühlen, wie Gereiztheit, Argwohn oder gar Empörung? Anspruchsvoll wird es jedoch, wenn uns die Gefühle des anderen nicht behagen.

Es erscheint plausibel, dass Einfühlung einen guten Zugang zum Gesprächspartner darstellt. Dennoch wollen die meisten Menschen mögliche negative Reaktionen ihres Gegenübers vermeiden, was zu typischen Wendungen führt, wie:

„Bitte seien Sie jetzt nicht enttäuscht, aber ich muss …“
„Ich hoffe, Sie sind jetzt nicht sauer, wenn ich …“
„Bitte ärgere dich nicht, aber …“
„Sei nicht so traurig.“
„Du darfst dich nicht so aufregen.“

In diesem Zusammenhang hilft zum Verständnis, dass sich unsere rechte Gehirnhälfte negative Aufforderungen nicht vorstellen kann. Derartige Formulierungen enthalten aber ein emotionales Bild (z.B. Enttäuschung), das man sich bitte nicht vorstellen soll.

„Stellen Sie sich bitte vor, in dem Kasten rechts befindet sich kein Baum! – Was passiert?“

Ähnlich grotesk ist die Aufforderung: „Stellen Sie sich jetzt bitte kein kleines grünes Krokodil vor.“

Das Absurde dieser Aufgaben liegt in folgendem Umstand begründet: Das menschliche Großhirn besteht aus zwei symmetrischen Hälften, die mit einem Nervenfaserbündel, dem Corpus callosum, miteinander verbunden sind. Diese haben sich im Laufe der Entwicklung unterschiedlich spezialisiert.

Vor vierzig Jahren hat *Roger Sperry* die Ergebnisse seiner Gehirnforschungen veröffentlicht. Er erhielt dafür später den Nobelpreis. Seine Erkenntnisse führen zu folgender Schlussfolgerung: Beide Gehirnhälften verfügen zwar grundsätzlich über Fähigkeiten auf allen Gebieten, aber jede Gehirnhälfte dominiert bei bestimmten Aktivitäten. Die **linke Gehirnhälfte** ist im Grunde für alles verantwortlich, was wir auf den ersten Blick Denken nennen würden. Sie denkt in Sprache, in Begriffen, sie denkt logisch und analysiert. Das Rohmaterial der Gedanken, die aufblitzenden Ideen, die Bilder, ja alle Sinneseindrücke bearbeitet die **rechte Gehirnhälfte.** Diese denkt unmittelbar in Bildern. Sie denkt ganzheitlich, intuitiv. Sie nutzt räumliche, farbige und bewegte Modelle und sie ist der Sitz der Phantasie.

Nun handelt es sich bei der Verneinung („kein Baum") um eine logische Funktion, die nur in der Sprache, also in der linken Gehirnhälfte bearbeitet werden kann, während die rechte Gehirnhälfte mit der Negation und allen daraus abgeleiteten Wörtern wie „nie", „kein", „nicht", „nirgends" nichts anzufangen weiß. Wie stark der menschliche Wunsch nach Vorstellung ist, wird bei der Sprachentwicklung deutlich, wenn das Kind die Verneinung zunächst noch mit der positiven Aussage verknüpft, z. B. „Ich will mitohne Mütze spielen." Auch im Englischen wird dies deutlich am „without, nobody, nothing" etc.

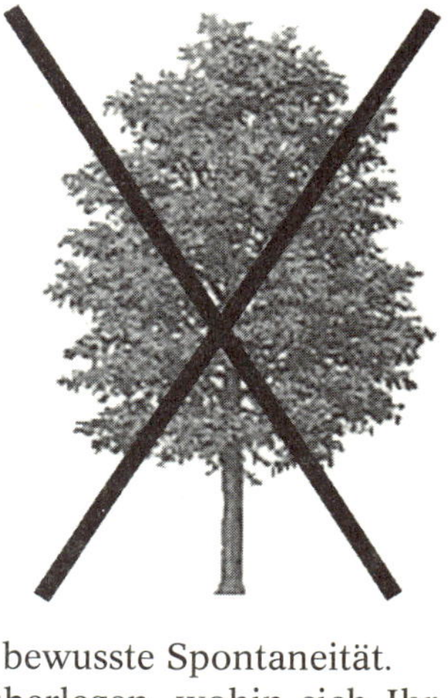

Im Falle des gezeigten Baumes hat Ihre rechte Gehirnhälfte den Baum gesehen. Auch wenn es dann hieß, dass er nicht zu sehen sein solle. Doch in Ihrer Vorstellung war er nicht mehr zu löschen. Sie konnten ihn allenfalls durchstreichen.

Statt das störende Gefühl direkt zu verneinen, („ärger dich nicht!") zeige ich Ihnen eine Möglichkeit, es **wertschätzend** zu gestalten: Unser natürliches Verhalten verliert nämlich schlagartig seine Spontaneität, sobald es in unser Bewusstsein dringt. Oder anders formuliert: Es gibt keine bewusste Spontaneität.

Sollten Sie sich beim Radfahren überlegen, wohin sich Ihr Oberkörper während einer Kurve legt, führt dies unter Umständen zum Sturz. Vielleicht kennen Sie auch die Erfahrung, sich während einer Handlung bewusst zu werden, wie gut Sie das gerade machen. Prompt unterlaufen dem Musiker Fehler, dem Sportler geht ein Ball durch und beim Abtippen geraten plötzlich

Buchstaben durcheinander. Der natürliche Handlungsfluss wird unterbrochen, sobald wir ihn in unser Bewusstsein heben. Auch das Einschlafen will sich nicht einstellen, wenn wir bewusst darauf achten, wie der Schlaf kommt.

Im vorangegangenen Kapitel habe ich gezeigt, wie wichtig es im Gespräch ist, auf die Empfindungen des Gegenübers einzugehen, damit sich dieser verstanden fühlt. Jetzt zeigt sich noch ein weiterer Vorteil des direkten Ansprechens von Gefühlen:

| |
|---|
| Wenn Sie auf die Empfindungen Ihres Gesprächspartners eingehen, indem sie diese benennen, stoppen Sie zugleich das spontane Ausleben dieser Emotionen. |

In der Regel legen wir uns ja während eines Gesprächs keine Rechenschaft über unsere Gefühle ab. Wir konzentrieren uns normalerweise auf unsere Ziele und das, was wir sagen bzw. sagen wollen. Selbst wenn wir wissen, dass wir Gefühle haben und diese zu unserem Ausdrucksverhalten dazugehören, ist uns dies selten bewusst.

Ich greife noch einmal auf den reklamierenden Kunden mit seiner Uhr zurück. Wir können uns vorstellen, wie er zunächst **überrascht** und auch **enttäuscht** war, als er die Ungenauigkeit seiner Uhr feststellen musste. Dann kamen die Umstände, den Laden erneut aufsuchen zu müssen. Je nach Zeitdruck (oder Parkplatzproblemen) fällt der Ärger von leicht **erregt** bis **genervt** aus. Doch darüber denkt dieser Kunde nicht nach. Sein Ziel ist lediglich, so schnell wie möglich eine einwandfreie Uhr zu bekommen. Tatsächlich sagt er **gereizt**:

„Die Uhr hier habe ich vorgestern gekauft. Die geht bereits über eine Minute nach."

Lautet die erste Erwiderung:

„Das kann nicht sein."

Dann spürt der Kunde zwar, dass er mit seinem Anliegen überhaupt nicht ernst genommen wird, doch dieses Gefühl dringt nicht bis in sein Denken. Dort kreisen mittlerweile recht unfreundliche Gedanken, beispielsweise:

„Ich dachte Sie sind Uhrmacher, aber da habe ich mich wohl getäuscht."

In kürzester Zeit schaukelt sich das Gespräch hoch, wird womöglich laut und unerfreulich. Doch zu keinem Zeitpunkt wird über die mitschwingenden Emotionen geredet. Und so brechen sich weitere Gefühle ganz spontan ihre Bahn.

Sobald jedoch eines dieser Gefühle angesprochen wird, dringt es ins Bewusstsein und das weitere Spontanverhalten hört schlagartig auf. Diese Regel gilt immer. Unser Beispieluhrmacher muss nicht unbedingt schon im Einleitungssatz eine kundenorientierte Einfühlung an den Tag legen, im Sinne von:

„Oh wie ärgerlich, jetzt mussten Sie sich extra noch einmal herbemühen."

Selbst der verbale Angriff lässt sich noch entschärfen, wenn der Uhrmacher merkt, wie seinem Kunden gerade zumute ist, z. B.:

„Oh Entschuldigung, ich habe Sie gerade mit meinem flapsigen Satz verärgert. Natürlich verstehe ich, dass Sie eine genau gehende Uhr wollen."

Ich räume ein: Es mag anfangs schwer fallen, einem erbosten Gegenüber direkt mitzuteilen, dass man seinen Ärger nachvollziehen kann oder bereit ist, sich diesen vorzustellen. Nehmen wir noch ein weiteres Beispiel: Da reklamiert ein Kunde mit erregter Stimme am Telefon:

„Was denken Sie sich eigentlich? Die Lieferung war entgegen Ihrer Beteuerung nicht gestern spätestens um 12 Uhr bei uns auf dem Hof, sondern erst heute früh. Was glauben Sie, was ich mir inzwischen alles anhören durfte?"

Für viele liegt es nahe, jetzt sofort zur Sache zu kommen, nach dem Motto „Nur kein Öl ins Feuer gießen". Doch wer so reagiert, nimmt nur den sachlichen Teil dieses aufgebrachten Kunden ernst. Doch der ist gerade viel zu tief in seine Gefühle verstrickt. Darum eskalieren solche Dialoge nur allzu schnell.

„Nehmen Sie bitte von den Warenbegleitpapieren die Seite 4, das ist das grüne Blatt, und füllen Sie die entsprechenden Rubriken aus.

Senden Sie mir das dann zu, Sie können es auch faxen, und ich sorge für eine umgehende Bearbeitung."

Wird dem Kunden die Schuld gegeben, oder hat er sie tatsächlich, bahnt sich eine Explosion an:

„Mir scheint, Sie verwechseln da zwei Lieferungen. Was spätestens gestern Mittag bei Ihnen auf dem Hof sein sollte, war ja bereits vergangene Woche da. Was Sie jetzt beanstanden, ist die Bestellung von vorgestern, aber die konnte ja erst heute früh ankommen."

Manch einer versucht den erregten Anrufer erst einmal zu beruhigen, was leider fast immer schief geht:

„Da brauchen Sie nicht in Panik zu geraten. Wenn die verspätete Lieferung tatsächlich unser Verschulden ist, kommen wir für den entstandenen Schaden zu 100% auf. Da können Sie ganz unbesorgt sein."

Wenn wir uns jedoch vergegenwärtigen, dass wir durch Anteilnahme und Ernstnehmen am schnellsten dem anderen zeigen können, wie sehr wir uns bemühen, ihn zu verstehen und wertzuschätzen, bietet sich folgende Formulierung an:

„Sie sind fürchterlich sauer, weil die fehlende Lieferung Ihnen angelastet wird."

Mit verständnisvollem Zuhören stillen wir das **Primärbedürfnis** unseres Gegenübers: „Ich will ernstgenommen und verstanden werden." Darüber hinaus steuern wir die Selbstwahrnehmung unseres Gesprächspartners, indem wir ihm seine Empfindungen bewusst machen.

Mit derartigem Einfühlungsvermögen steigern wir die Effektivität und Effizienz unserer Kommunikation. Da wir aus der Sicht des anderen kommunizieren, sind unsere Äußerungen für diesen maximal belangvoll. Er empfängt nicht nur, was wir sagen, sondern er ist dafür auch empfänglich, d.h. er öffnet sich. Erst jetzt haben wir eine Gesprächsbasis, bei der wir uns natürlich auch inhaltlich der Problemlösung dieses Kunden zuwenden. Wenn wir jetzt Fragen stellen, antwortet der andere qualitativ anders. Er fühlt sich verstanden und im besten Sinne des Wortes weiß er sich bei uns gut aufgehoben.

Wann immer Sie beschreiben, was Ihr Gegenüber tut, machen Sie die spontane Fortsetzung dieses Verhaltens unmöglich. Die weitere Fortsetzung kann nur noch willentlich, also bewusst erfolgen.

Natürlich liegt es nahe, sich bei Problemen stets am Sachverhalt zu orientieren, und die eigene Argumentation nach schlüssigen Gesichtspunkten aufzubauen. Schließlich wurde uns nicht nur in Schule und Ausbildung immer und immer wieder erklärt, wie wichtig eine logisch einwandfreie Argumentation sei. Doch allem Bemühen zum Trotz müssen wir uns klarmachen, dass sich kein Gesprächspartner mit Sachlichkeit in seiner emotionalen Befindlichkeit erreichen lässt. Über den Verstand sind Gefühle kaum zu beeinflussen. Wenn das so wäre, dann fielen unsere Entscheidungen durchweg vernünftig aus. Unternehmen könnten eine Menge Werbeaufwand sparen, weil uns bei der Gewichtung der verschiedenen Fakten die jeweilige Entscheidung ganz von allein einleuchtete.

Die Werbung zeigt uns jedoch deutlich, dass zunächst unser Gefühl angesprochen wird. Die jeweiligen Botschaften setzen nicht auf Information, sondern rufen bestimmte Emotionen hervor (das kann das „schlechte Gewissen" bei der Wahl des falschen Weichspülers sein, der „Stolz" seine Familie richtig zu verwöhnen oder das „Zugehörigkeitsgefühl" bei der Wahl des richtigen Getränks, Autos oder Handys). Weil uns das „Wohlgefühl" so wichtig ist, sind wir dann auf der Produktebene auch bereit zu handeln. Um das „schlechte Gewissen" zu vermeiden, wird dann der „richtige" Weichspüler gekauft. Und der Kauf der „richtigen" Kaffeesorte geht mit dem freudigen Gefühl einher, welches die Menschen in den Werbespots vermitteln.

Weil sich Empfindungen nicht durch „vernünftige Argumente" beeinflussen lassen, wird verständlich, warum die erwähnten Beispielsätze so erfolglos sind:

„Bitte seien Sie jetzt nicht enttäuscht, aber ich muss …"
„Ich hoffe, Sie sind jetzt nicht sauer, wenn ich …"
„Bitte rege Dich nicht auf, aber …"
„Sei doch nicht traurig, das wird wieder …"

Selbst wenn wir die Erklärung des anderen einsehen, ändert das wenig an unserer Stimmung. Wer beispielsweise mit einer unerwarteten Absage fertig werden muss, bleibt auch dann noch eine Weile enttäuscht, wenn ihm die Begründung für diese Absage einleuchten mag.

Weil es ja **keine bewusste Spontaneität** gibt, gilt die Regel: Gefühle lösen sich am schnellsten auf, wenn diese bewusst werden, und ihnen Raum zum Ausleben gegeben wird.

Es mag Ihnen paradox erscheinen, wenn ich empfehle, bei einer Absage die möglichen Gefühle der Enttäuschung von vornherein einzukalkulieren und auch zuzulassen, z. B.

„Es kann sein, dass Sie jetzt enttäuscht sind, wenn ich Ihnen mitteile …" Oder:
„Ich riskiere Sie zu frustrieren, weil ich Ihnen sagen muss …" Oder:
„Vermutlich bist du schwer enttäuscht, dass ich …"

Damit ist die denkbare Enttäuschung keineswegs ausgeschlossen. Es zeigt sich jedoch, dass diese Art des Ernstnehmens von Gefühlen des anderen zu einem eher abgeschwächten Gefühlsausdruck führt. Das hilft dem Gesprächspartner gleichzeitig, sich schneller zu fassen.

Sicher können Sie sich die Atmosphäre ausmalen, die während einer Besprechung herrscht, wenn auf den Satz: „Die Zahlen scheinen mir aber sehr hoch" spitz erwidert wird: „Glauben Sie, ich kann nicht rechnen?"

Eine ganz andere Möglichkeit zu reagieren, besteht darin, genau das zum Thema zu machen, was unterschwellig transportiert wird.

Wenn jemand aus dem Satz „Die Zahlen scheinen mir aber sehr hoch" die Botschaft heraushört: „Ich traue Ihnen nicht", dann verpflichtet ihn das nicht zur pampigen „Glauben Sie, ich kann nicht rechnen?"-Reaktion. Er kann auch ganz ruhig auf die mitschwingenden Zweifel reagieren und diese direkt ansprechen, beispielsweise:

„Sie sind skeptisch, was die Zahlen betrifft." Oder:
„Sie trauen mir im Moment nicht." Oder:
„Sie halten meine Ausführungen für unzuverlässig."

Ich räume ein, dass diese Art, auf ungläubige Fragen zu reagieren, den meisten Menschen völlig neu ist und ihnen deshalb fremd vorkommt. Für viele ist es mit einer Art Tabu belegt, die Art und Weise des Umgangs, also die **Klärung der Beziehung** direkt anzusprechen. Wer hierin jedoch geübt ist, bestätigt mir regelmäßig, dass dieses Vorgehen dazu beiträgt, die täglichen Reibereien und Konflikte zu vermindern.

> Die in einer Mitteilung unterschwellig mitschwingende Beziehungsaussage direkt auszusprechen, trägt nur zur Klärung bei. Sie verschafft auch eine emotionale Distanz, die davor bewahrt, gefühlsgeladen zu reagieren.

Im Beispiel könnte auf den Satz: „Sie trauen mir im Moment nicht“ die weitere Reaktion lauten:

„Oh Entschuldigung, so war das nicht gemeint, aber es würde mir helfen, wenn Sie mir kurz Ihre Quelle nennen.“

Und damit wäre dieser Vorgang erledigt. Allerdings könnte auch die Reaktion kommen:

„Wenn Sie es genau wissen wollen: Ja. In meinen Augen sind Ihre Ausführungen einseitig und geschönt.“

Vielleicht stößt uns eine derartige Antwort vor den Kopf. Dennoch erhalten wir eine wichtige Information: Der andere ist mit unseren Ausführungen ganz und gar nicht einverstanden. Was wir jedoch noch nicht erfahren haben: Was ist das Ziel des Diskussionspartners? Es liegt nahe, dazu eine Reihe von Vermutungen anzustellen, beispielsweise

Der will Selbstdarstellung auf meine Kosten betreiben.
Der will mich ausstechen.
Der will die Fakten einfach nicht akzeptieren.
Der hat was gegen mich.
Der möchte mich testen.

Wenn wir jetzt dagegenhalten, dann reagieren wir auf unsere Vermutungen und nicht auf den anderen. Um aber herauszufinden, was der andere wirklich beabsichtigt, müssen wir ihn zum

Sprechen bringen. Am ehesten führt dabei eine emotional akzeptierende Haltung zum Ziel:

„Sie klingen verärgert. Ich frage mich gerade, was Ihnen jetzt nützen könnte."

Wer ernst genommen werden möchte, wird dies Angebot nutzen. Das muss nicht zwangsläufig zu einer freundlichen Reaktion führen, denn der Ärger des anderen beruht ja auf irgendetwas. Bevor wir nicht erfahren, was den anderen so verstimmt hat, können wir nicht angemessen reagieren. Darum wird uns auch eine herausfordernde Antwort letztlich weiterhelfen, beispielsweise:

„Und ob ich verärgert bin. Sie stellen Ihre Ergebnisse als allein selig machend dar. Dabei haben wir im Vorfeld eine kleine Stichprobe überprüft. Wir sind dabei zu ganz und gar anderen Zahlen gekommen. Da stimmt doch was nicht!"

Jetzt erfahren wir endlich, was den anderen beschäftigt. Es sollte uns nun kaum schwer fallen, darauf einzugehen - vorausgesetzt wir sind sattelfest.

Manchmal stoßen wir aber auf Gesprächspartner, die substanzlos Kritik üben wollen und uns auf aggressive Weise provozieren:

„Da hilft gar nichts mehr. Mist bleibt Mist und muss als solcher auch benannt werden."

Nun wissen wir, woran wir sind. Statt beleidigt zu reagieren, steht es uns immer noch frei, ruhig unser Erstaunen zum Ausdruck zu bringen:

„Dann überrascht es mich, dass Sie die Besprechung dennoch fortsetzen."

Mit Absicht habe ich für das Beispiel auf das Gefühl des **Zweifels** zurückgegriffen und vertiefe hier, was im Kapitel Körpersprache (S. 33) bereits anklang. Viele Menschen sind im Äußern ihrer Zweifel sehr unbeholfen. Dennoch geht es bei jeder Kommunikation um die grundlegende Frage: Wie weit kann man seinem Gegenüber vertrauen, oder wie sehr neigt dieser dazu, die gehörten Argumente mit Vorsicht zur Kenntnis zu nehmen. Diese Unsicherheit wird hinter einer Fassade „objektiver Sachlichkeit“ versteckt, streng nach dem Motto: „Man schlägt den Sack und meint den Esel.“ Da Gefühle nur schwer über den Verstand zu beeinflussen sind, folgt als Regel: Das Gefühl des Zweifels verschwindet nicht dadurch, dass einem gesagt wird, man bräuchte diesen Zweifel nicht zu haben. Im Gegenteil!

Erinnern Sie sich Ihrer diesbezüglichen Erfahrungen: Wie glaubwürdig ist jemand für Sie, der beteuert oder gar schwört, die Wahrheit zu sagen? Werden Sie auch skeptisch, wenn Ihnen gesagt wird, dass etwas „schwarz auf weiß“ nachzulesen sei oder andere sogenannte Autoritäten zitiert werden?

> Klärung der mitschwingenden Emotionen meint auch hier: Den anderen mit seinem Gefühl ernst zu nehmen und ihm ein Recht auf seine Zweifel bzw. Vorbehalte zuzugestehen. Paradoxerweise können sich Gefühle am schnellsten auflösen, wenn sie zugelassen werden.

Wir können aber noch einen Schritt weiter gehen: In vielen Situationen ahnen Sie bereits, welches Ihrer Argumente für den Gesprächspartner nur schwer akzeptabel ist und vermutlich Skepsis auslösen wird. Doch ehe Ihr Gesprächspartner diese anmelden kann, erlauben Sie gewissermaßen im Vorab misstrauisch zu werden:

„Vielleicht klingt das in Ihren Ohren unglaublich.“ Oder:
„Ich kann mir gut vorstellen, dass Ihnen diese Zahlen völlig überhöht erscheinen und Sie Zweifel an der Seriosität der Berechnung haben.“ Oder:
„Möglicherweise sind Sie jetzt skeptisch und die Frage beschäftigt Sie, ob ich in Ihren Augen vertrauenswürdig bin.“

Diese Technik kann man als „Stier-bei-den-Hörnern-packen“ bezeichnen. Der andere wird wirklich ernst genommen und hat es nicht länger nötig, pseudosachlich zu widersprechen.

Wenn Sie das, was Sie im Begriffe stehen, beim anderen auszulösen, bereits sprachlich vorwegnehmen, bringen Sie Ihrem Gesprächspartner Verständnis entgegen. Außerdem produzieren Sie eine **Spontan-Paradoxie**. Was heißt das konkret?

Sie rauben einem sich unwillkürlich einstellenden Gefühl seine Spontaneität, wenn Sie ausdrücklich zubilligen, dass es gleich entstehen kann.

Was ich am Beispiel des Zweifels ausgeführt habe, gilt selbstredend für alle Emotionen.

Wohlgemerkt, diese Form, auf „störende" Gefühle einzugehen, ist keine Masche und stellt auch keinen Trick dar. Sie ist Ausdruck ganz persönlicher, ehrlicher Einfühlung. Wer allerdings lieber Formulierungen auswendig lernt, anstatt sich in die momentane Befindlichkeit des Gegenübers einzufühlen, wird schneller durchschaut, als ihm lieb sein könnte.

> Sie werden als sozial kompetent wahrgenommen und als sympathisch erlebt, wenn Sie sich auf die Sorgen, Ängste, Nöte und sonstigen Gefühle eines anderen Menschen einlassen.

# 6. Die Kunst Veränderungen zu bewirken

In diesem Kapitel stelle ich Ihnen ein Phasenmodell vor, das Ihnen helfen kann, unangenehme Veränderungen so zu vermitteln, dass sich Ihr Gegenüber – ungeachtet der Fakten – weiterhin ernst genommen fühlt. Sie lernen erkennen, in welcher Phase sich Ihr Gegenüber jeweils befindet. Sie erfahren, wie Sie angemessen mit seinem Schreck, seinen Aggressionen und schließlich mit seinem Zögern umgehen können. Bei den einzelnen Phasen – insgesamt vier – weise ich auf typische „Fettnäpfchen“ hin und zeige, wie Sie diesen elegant ausweichen können.

Im vorangegangenen Kapitel ging es um die Frage, wie wir auf unseren Gesprächspartner reagieren, wenn uns der andere seine negativen Gefühle entgegenbringt. Sie kommen aber auch in Situationen, Ihren Mitmenschen etwas zuzumuten, was diese ganz und gar nicht begrüßen. Dabei entstehen zwangsläufig negative Gefühle. Die bisherigen Ausführungen haben deutlich werden lassen, dass die Beachtung der Gefühle über den gewünschten Erfolg oder Misserfolg entscheidet. Folglich dreht sich dieses Kapitel um die oftmals störenden Begleitgefühle bei „Zumutungen“.

Was sich bei bedeutenden Veränderungsprozessen wie beispielsweise Tod, unheilbare Krankheit oder Trennung vollzieht, ist hinreichend untersucht worden. Dort lässt sich immer wieder eine Abfolge von vier Phasen beobachten. Diese können ohne weiteres auf jeden Prozess übertragen werden, bei dem man von uns Veränderungen erwartet, die wir so nicht gewollt haben. Allgemeiner formuliert: Wir werden mit Informationen konfrontiert, die nicht in unser bisheriges Bild passen. Im vorangegangenen Kapitel hatte ich ausgeführt, dass in kritischen Situationen unser Gehirn standardisierte Reaktionen auslöst. Wir handeln bereits, bevor wir über den Reiz und die Reaktion als solche nachgedacht haben. Dies erklärt, warum Menschen in bestimmten Situationen dazu tendieren, irrational zu handeln und mit ihren Reaktionen zu „übertreiben“.

In Situationen, die jemand als bedrohlich empfindet, ist eine verstandesmäßige Verarbeitung der gehörten Information nicht möglich. Eine rationale, vernünftige Reaktion darauf erfolgt erst zu einem späteren Zeitpunkt. Das Modell soll ihnen helfen, die Reaktionen Ihrer Mitmenschen besser zu verstehen und somit einfühlsamer, gelassener und souveräner damit umzugehen.

## Umgang mit Schreck

Wenn sie Ihr Gegenüber mit einer für ihn unerwarteten und unangenehmen Mitteilung konfrontieren, bringen Sie seine bisherigen Vorstellungen durcheinander. Er verliert seine **Sicherheit** und bekommt einen **Schreck.** Physiologisch betrachtet gerät er in **Stress.** Spontan reagiert Ihr Gegenüber mit Rückzug. Seine ganze Energie ist auf die Wiederherstellung der verloren gegangenen Sicherheit gerichtet.

Sie können dabei beobachten, wie Ihr Gesprächspartner zurückweicht, die Luft kurz anhält und im Gesicht alle Zeichen des Erstaunens zeigt. Meist lässt er den Mund offen stehen, reißt die Augen weit auf oder zieht die Augenbrauen hoch.

Durch das Stresshormon Adrenalin ist sein Denken teilweise oder sogar ganz blockiert. Zwar mag er ein „Nein!“ oder „Glaube ich nicht!“ äußern, dennoch können Sie darauf verzichten, irgend etwas zu erklären. Der andere ist viel zu sehr mit sich beschäftigt, um sich aufmerksam mit Ihnen und Ihren Äußerungen auseinander zusetzen.

> Weil Sie wissen, dass Schreck zu Denkblockaden führt, verzichten Sie in dieser Phase auf eine Auseinandersetzung. Statt dessen wenden Sie sich dem Schreck bewusst zu. Geben Sie Ihrem Gegenüber die emotionale Sicherheit, dass sein Schreck eine durchaus angemessene Reaktion auf die soeben gehörte Mitteilung darstellt.

Wenn Sie sehen, wie Ihr Gegenüber zurückweicht oder sich im Stuhl weit zurücklehnt, haben Sie ihn vermutlich unvermittelt erschreckt. Weniger dramatisch formuliert: Ihr Gesprächspartner legt alle Anzeichen der Überraschung an den Tag. Zumeist können Sie beobachten, wie sich Falten auf seiner Stirn bilden, sich die Augen weiten und der Atem angehalten wird. Mit folgenden Satzanfängen zeigen Sie nicht nur, dass Sie die Betroffenheit Ihres Gesprächspartners wahrnehmen, Sie vermitteln ihm auch, dass Sie seine Verwirrung nachvollziehen können:

- „Sie sind jetzt ganz erstaunt."
- „Vielleicht stoße ich Sie vor den Kopf."
- „Das bringt Sie ganz durcheinander."
- „Sie sind ganz sprachlos."
- „Womöglich habe ich Sie verblüfft."
- „Das macht Sie vielleicht fassungslos."
- „Ich habe Sie entsetzt."
- „Das bestürzt dich geradezu."
- „Du wirkst wie vom Donner gerührt."
- „Da bist du platt."

Solange diese Blockade besteht, ist der Mensch für neue Informationen gewissermaßen „immun", er kann nicht zuhören. In der Phase des Schrecks richtet sich die gesamte Energie auf die Wiederherstellung der verlorengegangenen Sicherheit. Dabei greift der Betroffene - je nach Temperament - zu unterschiedlichen **Fluchtmechanismen**. Manche schotten sich gegen jede weitere Information ab. Sie sind zwar noch körperlich anwesend, aber ihre versteinerte Miene zeigt, dass sie nicht mehr zuhören und im Geiste bereits woanders sind. Andere retten sich durch sogenannte Übersprungshandlungen, d.h. sie wechseln abrupt das Thema und lenken die Aufmerksamkeit auf etwas ganz anderes. Das reicht von der pseudo-sachlichen Frage bis hin zum verschütteten Getränk. Und manch einer verlässt tatsächlich den Schauplatz, um sich vor weiteren Unannehmlichkeiten zu schützen.

Zur Veranschaulichung nehme ich ein Gespräch, das aus Sicht eines Bankberaters ganz sachlich verläuft:

„Die Konditionen, die wir Ihnen vor zehn Jahren geboten hatten, sind beim besten Willen nicht mehr zu halten. Ich hoffe, Sie verstehen, dass wir gezwungen sind, uns an die marktüblichen Zinsen anzupassen. Das bedeutet bei gleicher Laufzeit eine Erhöhung um 3,8 % per anno."

„Das ist ja wohl ein schlechter Scherz. Nein, das können Sie doch nicht machen. Sagen Sie, dass das nicht wahr ist!"
„Doch, das ist wahr. Wie ich Ihnen gerade versucht habe zu erklären, sind wir gezwungen uns an die marktüblichen Zinsen anzupassen. Sehen Sie mal …"

Eines der häufigsten Wörter in dieser Phase lautet: „Nein!" Dieses Nein ist jedoch alles andere als eine durchdachte Verneinung. Es stellt vielmehr eine unreflektierte Vermeidungsreaktion dar, einen Versuch, sich durch Nein-Sagen aus dem aktuellen Gefahrenbereich zu bringen.

Wenn Sie wissen, dass Schreck zu Denkblockaden führt, verzichten Sie in dieser Phase aufs Argumentieren. Was Sie sagen, wird ohnehin nicht aufgenommen. Statt dessen wenden Sie sich dem Schreck bewusst zu. Dabei geben Sie Ihrem Gegenüber die emotionale Sicherheit, dass Schreck eine durchaus angemessene Reaktion auf die gehörte Information darstellt.

Im vorangegangenen Kapitel habe ich immer wieder betont, wie wichtig es ist, auf die Empfindungen des Gegenübers einzugehen, damit dieser sich verstanden fühlt. Zusätzlich konnten wir entdecken, dass sich das Ausagieren dieser Empfindungen stoppen lässt, wenn diese direkt angesprochen werden.

> Wenn Sie den Schreck Ihres Gegenübers ernst nehmen, zeigen Sie Wertschätzung. Sie kürzen diese Phase gleichzeitig ab.

Ein erfahrener Berater hätte den Schreck seines Kunden nicht nur geahnt, sondern verständnisvoll vorweggenommen, beispielsweise:

„Ich stoße Sie jetzt zu Beginn des Gespräches womöglich fürchterlich vor den Kopf. Das aktuelle Zinsniveau hat sich dramatisch zu Ihren Ungunsten verändert. Ich kann mir vorstellen, dass Sie eine Erhöhung um 3,8 % per anno völlig aus dem Konzept bringt."

Damit weicht der Berater keinen Schritt von seinem Ziel ab. Und doch zeigt seine Äußerung, dass er bemüht ist, sich in die unangenehme Lage seines Kunden hineinzuversetzen. Das Ernstnehmen des Schrecks lässt diesen nicht gänzlich verschwinden.

Es besteht jedoch die Chance, das sich der Kunde schneller fängt, weil er erlebt, dass seine Verwirrung ganz und gar verständlich ist.

## Umgang mit Festhalten

Klingt der Schreck und die Verwirrung ab, wechselt der Mensch in die Phase des Festhaltens. Sein Denken fixiert sich auf das Bestehende. Sprachlich äußert sich dies im Beharren auf dem Bekannten und Vertrauten. Die Orientierung ist rückwärts gewandt, es wird hervorgehoben, was früher gut war und geklappt hat.

Dabei durchlaufen Menschen zumeist drei Schritte:

### Leugnen

Zunächst wird die Bedrohlichkeit einer Information als nicht gültig umgemünzt, die Bedeutung also **geleugnet**.

Typische Reaktionen sind:

„Das kann nicht sein."
„Das muss ein Irrtum sein."
„Ich kann das nicht glauben."
„Das gibt es doch gar nicht."
„Da liegt bestimmt eine Verwechslung vor."

Es leuchtet ein, dass Menschen in lebensbedrohlichen Situationen Halt suchen. Viele suchen dabei Zuflucht in Tätigkeiten, die sie sowieso machen oder machen wollten. Nicht nur im Krieg und bei schweren Unfällen kommt es zu einer perfekten Leugnung der drohenden Gefahr, auch bei persönlichen Krisen wird die Tragweite und Bedeutung der Information bestritten.

In der Beratung erlebe ich immer wieder Menschen, die beispielsweise eine unvermittelte Trennung des Partners einfach nicht wahr haben wollen. So äußerte kürzlich ein Klient:

„Sie hat zwar ihre Koffer gepackt und ist ausgezogen. Aber das heißt ja noch nichts. Wir haben doch noch so viele Pläne. Vielleicht braucht sie im Moment auch nur etwas Abstand. Wahrscheinlich entpuppt sich alles über kurz oder lang als großer Irrtum."

Man muss sich klar machen, dass es auch einen Selbstschutz darstellt, die Wirklichkeit nicht wahr haben zu wollen.

Wir neigen dazu, das Nein in dieser Phase als Ausdruck von Ablehnung zu betrachten, die durch geschickte Argumentation aufgebrochen werden soll. Doch die besten Argumente verpuffen im Nichts, solange unser Gegenüber nicht offen ist. Und er ist nicht offen, weil ja sein Denken noch zu sehr auf die Rettung seiner bisherigen Vorstellung gerichtet ist.

Vielleicht kennen Sie die Erfahrung der Ohnmacht, einem anderen Menschen etwas zu vermitteln (die „Wahrheit"), das dieser partout nicht annehmen will. Es ist, als ob zwei Welten aufeinanderprallen.

Ich komme noch einmal auf das Beispiel mit dem Uhrmacher zurück. So wenig erfreulich der „Das kann nicht sein"-Satz für den Kunden klingt, so verständlich wird die Reaktion vor dem hier behandelten Hintergrund. Die Reklamation des Kunden trifft den Uhrmacher nicht nur unerwartet, sie passt auch nicht zu seinem Selbstverständnis. Schließlich verkauft er nur Uhren, die einwandfrei funktionieren. Sein spontanes „Nein" meint also eigentlich:

„Was Sie da sagen, kann ich gar nicht nachvollziehen. In meinem ganzen Leben habe ich noch nie eine Uhr verkauft, die nicht einwandfrei funktioniert hätte. Wenn das so wäre, wie Sie sagen, dann wäre ich in Zukunft kein über jeden Zweifel erhabener Uhrmacher. Das wäre für mich äußerst bitter." Usw.

Natürlich spricht kein Mensch so. Es mag Ihnen jedoch helfen, sich zu vergegenwärtigen, was hinter einem spontanen „Das kann nicht sein" eigentlich steckt. So berechtigt eine Reklamation auch sein mag, sie birgt immer das Risiko, dass der damit Konfrontierte einen Schreck bekommt. Sein spontanes „Nein" drückt lediglich den Wunsch aus, an seinem Bild von korrektem Handeln festzuhalten. Da hilft es auch nichts, dass sich der Reklamierende im Recht fühlt. Flüchtet sein Gesprächspartner ins Leugnen, rückt eine mögliche Lösung in weite Ferne.

> Machen wir uns klar: Unser Gegenüber möchte mit allen Mitteln sein verloren gegangenes Weltbild bewahren. Wir können das momentane Leugnen nur als für den anderen notwendig respektieren.

Auch wenn uns das Leugnen des anderen nicht zum Ziel führt, wird erst eine gewährende Reaktion dazu beitragen, dass dieses sich auflöst.

## Aggression

Dem Leugnen folgen die typischen Formen von **Ärger, Zorn und Wut**. Wer die vertraute Sicherheit eines anderen angreift, wird als Widersacher betrachtet. Diese Phase wird häufig sehr intensiv ausgelebt und dient immer noch dem übergeordneten Ziel des Festhaltens. Man mag sich in diesem Zusammenhang vergegenwärtigen, wie oft es gelingt, durch gezielt eingesetzten Ärger sein Gegenüber zum Rückzug zu bewegen. So lernen beispielsweise Kinder schon recht früh, dass sie mit gezielten Wutausbrüchen ihre Vorstellungen gegen die Wünsche ihrer Eltern durchsetzen können. Ebenso erfahren Mitarbeiter, dass ein vehementes Ablehnen von Veränderungen am Arbeitsplatz die bestehenden Bedingungen stärkt. Manche erreichen beispielsweise, dass die geplante Veränderung hinausgeschoben wird.

Unser Beispiel mit dem Bankkunden könnte so weitergehen:

„Aber das geht doch gar nicht. Das können wir doch gar nicht leisten. Das sind doch schlechte Sitten. Uns wurde doch vor zehn Jahren in den schönsten Farben ausgemalt, wie einfach das alles sei. Also, so schnell lass ich mich hier nicht über den Tisch ziehen."
Ein unbeholfener Berater versucht zu retten, was zu retten ist und erwidert:
„Nun beruhigen Sie sich doch erst mal. Wir werden schon eine tragfähige Lösung finden."
Worauf der Kunde aufbraust: „Ich bin die Ruhe in Person, aber Sie werden gleich keine Ruhe mehr haben." Usw.

> Weil Sie gelernt haben, zwischen echter Ablehnung und Festhalten am bisherigen zu unterscheiden, verzichten Sie auch in dieser Phase aufs Argumentieren. Sie ersparen sich langatmige Spannungen, Unverständnis und Ärger, wenn Sie diesen Gefühlen Raum geben und dafür Verständnis aufbringen.

Ihr Gesprächspartner mag Ihnen widersprechen, aber er hört Ihnen nicht zu. Sein Denken ist noch zu sehr auf die Rettung seiner Vorstellung gerichtet, darum würden Argumente im Nichts verpuffen.

Sie werden Ihr Ziel erreichen, wenn Sie das Nein und Angreifen in dieser Phase nicht als Ausdruck von Ablehnung betrachten. Sehen Sie es als Versuch, die verlorene Sicherheit wiederherzustellen. Wenn Sie die Aggression als **Durchgangsphase** auffassen, können Sie diese beschleunigen: Gewähren Sie – quasi paradox – diesen Gefühlen ausdrücklich Raum und bringen Sie überdies Verständnis auf für ein auf Unsicherheit beruhendes Beharren.

Mit folgenden Satzanfängen zeigen Sie nicht nur, dass Sie die Erregung Ihres Gesprächspartners wahrnehmen, Sie vermitteln ihm auch, dass Sie seinen Unmut und seine Unzufriedenheit nachvollziehen können:

- „Sie ärgern sich über ..."
- „Es nervt Sie, wenn ..."
- „Sie sind empört über soviel ..."
- „Das verbittert Sie."
- „Das macht Sie regelrecht wütend."
- „Das bringt dich auf die Palme, wenn ..."
- „Du könntest platzen, weil ..."
- „Das stinkt dir, wenn ..."
- „Du bist geladen, weil ..."
- „Du könntest glatt ausflippen."

Ein erfahrener Berater geht auf die aggressiven Gefühle des Kunden ein, wenn er beispielsweise erwidert:

„Ich merke gerade, wie verbittert Sie sind. Alles, worauf Sie sich verlassen hatten, soll mit einem Mal keine Geltung mehr haben. Ich drücke es mal ganz direkt aus, Sie müssen sich ja geradezu verhöhnt fühlen."
Und prompt geht der Kunde darauf ein. „Stimmt. Das kann man wohl sagen. Ich fühle mich regelrecht verarscht. – (Pause) – Sagen Sie, wieweit können wir denn durch eine geänderte Laufzeit noch was rausholen?" Usw.

Die letzte Äußerung des Kunden leitet bereits einen Wechsel der Festhaltetaktik ein.

## Verhandeln

Jetzt wird versucht, durch Verhandeln so viel wie möglich zu retten. Wer in dieser Phase Entgegenkommen anbietet, verspürt noch keine Bereitschaft, sich mit der Veränderung, also den Zielen und Möglichkeiten zu befassen. Hier dient das **Verhandeln** dem Festhalten am Bisherigen. Nach dem Motto: „Wenn ich schon nicht alles so behalten kann, wie ich es gewohnt bin, so will ich doch durch zähe Auseinandersetzung bewahren, was irgendwie zu bewahren ist."

Typisch fiel auch der Versuch meines erwähnten Klienten aus, der unvermittelt mit einer Trennung fertig werden musste:

Seine Aggression währte etliche Tage und äußerte sich in Vorwürfen, Schimpfen und Tadeln. Doch unversehens beruhigte er sich und machte seiner Partnerin in geradezu versöhnlichen Worten Friedensangebote. Dabei unterbreitete er Vorschläge, die allesamt darauf hinausliefen, sich trotz der vollzogenen Trennung weiterhin als Paar zu fühlen. Das reichte von gemeinsamen Kino- und Theaterbesuchen über gemeinsamen Sport bis zu Urlaubsgedanken.

Verhandlungsangebote stellen eine Falle dar. Nach der bedrohlichen Aggression erscheint das Entgegenkommen des anderen wie ein erster Schritt zum Ziel. Entsprechend nahe liegt es, diesen Strohhalm zu ergreifen, um wenigstens etwas erreicht zu haben. Doch wer auf Verhandlungsangebote eingeht, riskiert, sein Ziel aus den Augen zu verlieren. Ich will dies an einem Zahlenbeispiel verdeutlichen: Wenn uns jemand nach einer schroffen Absage versöhnlich entgegenkommt und bereit ist, 10 % unserer Forderung zu erfüllen, dann können wir entweder froh sein, wenigstens diese 10 % erreicht zu haben und sogleich einwilligen, oder wir haben das ganze Ziel und damit auch die noch fehlenden 90 % vor Augen. In diesem Fall nehmen wir das Nachgeben als Signal für unverändertes Beharren auf den bisherigen Vorstellungen. Denn der andere schaut noch nach rückwärts, weil ihm die Zukunft Angst macht oder er noch gar kein Bild davon hat. Statt also in das „Fettnäpfchen" eines Verhandlungsangebots zu treten, bietet es sich an, über die fehlende Vorstellung zu sprechen, beispielsweise:

„Sie können sich im Moment noch gar nicht vorstellen, wie das dann wird."
„Es fällt Ihnen gerade schwer, sich auszumalen, was das genau bedeutet."
„Sie haben da noch kein rechtes Bild, welche Folgen das nach sich zieht."

> Am Alten festzuhalten bedeutet nicht automatisch, **gegen** das Neue zu sein. Opposition aufgrund verloren gegangener Sicherheit ist keine wirkliche Ablehnung, sondern entspricht lediglich dem natürlichen Ablauf.

Je eher es Ihnen gelingt, Ihrem Gesprächspartner ein Bild von seinen Möglichkeiten zu vermitteln, um so eher wird er aktiv seine Sicherheit im Ausmalen seiner Zukunft suchen. Was uns in die folgende Phase führt.

## Umgang mit Zweifel

Nach der aktiven Festhaltephase kommt nun das mehr passive Loslassen. In dieser Phase wird der Vergangenheit noch nachgetrauert.

Zwar besteht die verstandesmäßige Einsicht, dass der Zug längst abgefahren ist und es keinen Sinn macht, der Veränderung weiteren Widerstand entgegenzusetzen. Dennoch ist der Blick in dieser Phase keineswegs auf die Zukunft gerichtet.

Wer Abschied von bisherigen Vorstellungen nimmt, hat noch nicht eindeutig zugestimmt. Bildlich gesprochen: Der Blick ist teilweise rückwärts gewandt, auf das, was einem vertraut ist und bislang Sicherheit gab, und teilweise geht der Blick auch schon nach vorn, wobei die Zukunft noch wenig klar erscheint und entsprechend verunsichert. Wir sehen, wie der andere **zögert, zweifelt, sich dreht und wendet**, weil er noch kein klares Ziel vor Augen hat.

Körpersprachlich wird diese Phase von einem Schwanken begleitet. Konnten Sie beim Schreck ein Zurückweichen und in der Aggressionsphase ein Vorbeugen beobachten, sehen Sie nun ein unschlüssiges auf der Stelle treten. Wenn Sie genau hinblicken, werden Sie entdecken, dass Ihr Gegenüber bei seiner Argumentation immer wieder die gleiche Position einnimmt. So ruht das Gewicht bei den Pro-Argumenten beispielsweise auf dem linken Bein, während er sein Gewicht auf das rechte Bein verlagert, sobald er sich den Contra-Argumenten zuwendet und umgekehrt. Gleiches können Sie auch beim sitzenden Gegenüber beobachten. Die eine Sitzecke ist gewissermaßen für die Zustimmung reserviert, während die andere Ecke mit der entsprechenden Blickrichtung der Ablehnung vorbehalten scheint.

Ganz deutlich ließ sich das bei dem erwähnten Klienten beobachten. Eines Tages berichtete er geradezu stolz, dass er das Alleinsein ganz neu und durchaus bereichernd erlebe. Plötzlich setzte er sich anders hin und fuhr fort:

„Aber andererseits zucke ich bei jedem Läuten an der Tür zusammen und denke, dass sie zurück kommt. – (Pause – erneutes Zurechtrücken) Dabei muss ich gestehen, dass ich auf die Freiheit, die ich gewonnen habe, nicht mehr verzichten möchte. – (erneute Pause und Umsetzen) Wiederum kann ich mir noch gar nicht vorstellen, wie das weitergehen soll. Das ist alles noch so verworren."

Menschen benötigen unterschiedlich viel Zeit, um noch einmal innezuhalten und zurückzuschauen. Ihnen diese Zeit zu gewähren, kürzt diese Phase ab. Der Druck, schneller fortzufahren, wird nur zu leicht mit einem Zurückfallen auf die Stufe des Festhaltens quittiert. Das bedeutet dann einen Rückschritt.

Ich will das Beispiel mit dem Bankkunden noch einmal aufgreifen:

„Also, einerseits klingt das ganz gut, was Sie da vorschlagen, da ich einen Teil unserer bisherigen Tilgung für das neue Disagio verwenden könnte, andererseits …"
Ein ungeduldiger Berater möchte die Gelegenheit beim Schopfe packen und den Sack zumachen, darum hört er nur das Ja und unterbricht sogleich:
„Also, dann wäre es am besten, wenn wir die Unterlagen dementsprechend gleich fertig stellen."
„Gemach, gemach! Ganz grundsätzlich müsste ich erst noch einmal prüfen, welche Konditionen ich bei anderen Instituten bekomme." Usw.

In dieser Phase gilt es, der Versuchung zu widerstehen, das Fehlen von hinhaltendem Widerstand bereits für ein Einverständnis zu halten.

> Entscheidungsnöte lassen sich nicht dadurch abkürzen, dass Druck gemacht wird oder noch weitere Argumente unaufgefordert nachgereicht werden.
> Doch Zögern verliert seine Spontaneität, wenn es bewusst wird.

Wer eine genaue Vorstellung von der Zukunft hat, entwickelt keine Zweifel. Diese sind immer Ausdruck fehlender Klarheit und Sicherheit. Wenn wir uns vergegenwärtigen, dass unser Anliegen oder unser Veränderungswunsch dem anderen seine bisherige Sicherheit raubt, können wir viel einfühlsamer reagieren.

Mit folgenden Satzanfängen zeigen Sie, dass Sie die Unentschlossenheit Ihres Gesprächspartners wahrnehmen. Sie vermitteln ihm auch, dass Sie willens sind, sich geduldig mit seinen Zweifeln auseinander zusetzen.

- „Sie zögern noch."
- „Sie sind noch skeptisch."
- „Sie haben noch Zweifel."
- „Sie sind noch unentschieden."
- „Sie haben noch Bedenken."
- „Du schwankst da noch."
- „Du bist noch unschlüssig."
- „Das bringt dich unter Druck."
- „Du hast da Skrupel."
- „Du bist noch hin- und hergerissen."

Diesen Satzanfängen folgt zumeist ein „Ja, weil ...". Dabei werden Sie erfahren, dass Ihr Gegenüber plötzlich ausführlich erklärt, was ihm noch fehlt, um **uneingeschränkt zustimmen** zu können.

> Helfen Sie Ihrem Gesprächspartner, seine nächsten Schritte zu klären. Halten Sie seine Bedenken ruhig aus, vergegenwärtigen Sie sich, dass dies ein völlig normaler Prozess ist.

Ein erfahrener Berater geht auf die mitschwingenden Zweifel direkt ein:

„Das spricht Sie zwar an, aber ich merke, dass Sie im Moment noch zögern. Vielleicht geht es Ihnen gerade zu schnell." –
„Nein, obwohl – doch. Können Sie mir noch einmal erklären, welche Möglichkeiten ich habe, vorzeitig aus diesem Vertrag auszusteigen? Gesetzt den Fall ich mache demnächst eine Erbschaft, wie könnte ich diese für die Tilgung nutzen?"

Zum Loslassen gehört auch ein erlaubter Abschied. Für bedeutsame Veränderungen feiern wir Rituale. Ob Schuleintritt, Examen, Heirat, Ausscheiden aus dem Arbeitsleben oder Tod – jeden dieser Übergänge zelebrieren wir mit unterschiedlichen Bräuchen. Auch kleine Veränderungen lassen sich mit einem ehrlichen Abschied leichter vollziehen. Ob Trennung, Umzug, Wechsel des Arbeitsplatzes oder auch nur der Abteilung stets wird ein gelungenes „Lebewohl" die spätere Integration erleichtern.

## Umgang mit Integration

Erst nach dem Loslassen folgt der Neubeginn. Im Bild gesprochen: Wer sich mit beiden Händen noch an einen Balken klammert, kann nicht nach dem Rettungsring greifen. Der Neubeginn setzt Abschied vom bisherigen voraus. Je umfangreicher dies vollzogen wird, desto größer ist die Wahrscheinlichkeit für das Gelingen des Neuen. Auch wächst die Wahrscheinlichkeit, dass aus einer rein **verbalen Zustimmung** zur anstehenden Veränderung eine aktive Mitarbeit wird. Der andere wird die neuen Strukturen umsetzen und aktiv am Aufbau mitwirken.

Aber auch auf dieser Stufe kann unser Gesprächspartner gewissermaßen rückfällig werden. Kommt er trotz guter Vorsätze mit den Auswirkungen der Veränderung nicht zurecht und fühlt sich zudem noch alleingelassen, legt er plötzlich wieder das bewährte Verhalten von früher an den Tag. Der Beispielkunde könnte bei mangelnder Unterstützung doch noch auf die Idee kommen, das Kreditinstitut zu wechseln.

Menschen durchlaufen bei unerwünschten oder überraschenden Veränderungsprozessen auf jeden Fall diese vier Phasen. Es geschieht unterschiedlich schnell und unterschiedlich intensiv.

Immer, wenn Sie Veränderungen bewirken wollen, können Sie Ihren Gesprächspartnern helfen, Altes loszulassen und Neues anzunehmen. Ein Weg ist, dieses Phasenmodell bei geplanten Veränderungsprozessen von Anfang bis Ende einzubeziehen.

> Wer Veränderungsprozesse durchsetzen möchte und dabei berücksichtigt, durch welche Phase sein Gegenüber gerade geht, kann situationsangemessen kommunizieren.

# 7. Bilder erkennen und die Sprache des anderen sprechen

In diesem Kapitel behandele ich ausführlich, wie Sie die Bilder im Kopf Ihres Gesprächspartners erkennen können und welche Möglichkeiten Sie haben, darauf einzugehen. Sie erfahren, wie Sie auf das Zielbild Ihres Gegenübers eingehen und damit seine Zuhörbereitschaft erhöhen. Sie lernen den Nutzen von Formulierungen kennen, die den „Für Sie-Standpunkt" betonen. Schließlich erkennen Sie, wie sich Ihre Orientierung am Gegenüber sogar durch eine geeignete Wortwahl verfeinern lässt.

Wer erfolgreich kommuniziert, weiß, dass im Gespräch nicht nur „offizielle Ziele" verfolgt werden. Verdeckten Zielen kommt eine mindestens ebenso große Rolle zu. Machen wir uns klar, dass in jeder Beziehung unausgesprochen die Frage nach Überlegenheit/Unterlegenheit bzw. nach Ebenbürtigkeit mitschwingt. So können wir darauf achten, dass unser eigenes Verhalten nicht aus Versehen einen **Machtkampf** heraufbeschwört.

Der Grad an Achtung, Anerkennung und Respekt bzw. an Missachtung oder Geringschätzung kommt nicht nur in unseren Worten, sondern auch in unserem Tonfall, unserer Gestik und Mimik zum Ausdruck. In jeder unserer Äußerungen schwingt mit, **wie** wir zum Gesprächspartner stehen. Mit einer Art Hör-Filter nimmt unser Gegenüber dies minutiös wahr.

Wir können beobachten, dass Menschen mit diesem Filter jede Mitteilung und jede unserer Bewegungen untersuchen, nach dem Motto:

- Wie behandelt der/die mich eigentlich?
- Wie redet der/die eigentlich mit mir?
- Wen glaubt er/sie vor sich zu haben?

Diese Fragen sind häufig mit folgenden Reaktionen gekoppelt:

- Ich bin doch kein kleines Kind.
- Das muss ich mir doch nicht bieten lassen.
- So lasse ich mich nicht behandeln.

Doch wer bereits in Gedanken so reagiert, neigt dazu, sich zu wehren bzw. zum Gegenangriff überzugehen. Ehe man sich versieht, gerät das Gespräch zum Kräftemessen. Das ursprüngliche Gesprächsanliegen verschwindet dabei völlig hinter dem Beziehungskonflikt. Plötzlich geht es nur noch um die Frage, wer wen wie anreden bzw. behandeln darf.

Wer einen anderen beeinflussen will, muss herausfinden, welche Vorstellung der Gesprächspartner von seinem Ziel hat. Bevor man dessen Bild nicht kennt, sind mögliche Beeinflussungserfolge höchstens Zufallstreffer.

Schon 1910 wies der Psychologe *Joseph Jastrow* darauf hin, dass es für Hasen- bzw. Entenkopf nicht um richtig oder falsch geht, sondern um ein sowohl als auch. Ebenso verhält es sich bei dem als *Winston*-Bild bekannten Indianerkopf bzw. Eskimo vor seinem Iglu.

Ob man beim dritten Bild einen Clown oder eine Frau erkennt, hängt von der Lage des Bildes ab. In allen Fällen setzt ein Gespräch über das jeweilige Bild voraus, dass wir erkennen, was der andere sieht. Bei den Bildern spielt es also keine Rolle, was gesehen wird. Entscheidend ist, dass eine sprachliche Übereinstimmung „Bildgleichheit“ voraussetzt.

Egal, welche Figur Sie zuerst gesehen haben, sie war auf alle Fälle richtig. Es war jedoch nicht die einzige richtige Figur, die es auf diesen Bildern zu erkennen gab.

Welche Wahrnehmung wir vorziehen, ist unsere persönliche Entscheidung. Diese Entscheidung hat aber nichts mit der Anzahl der möglichen Figuren in diesen Bildern zu tun. Übertragen auf den Alltag können wir sagen: Unsere alltäglichen Wahrnehmungen sind immer richtig.

Doch das, was wir zu erkennen glauben, muss nicht immer das einzige Richtige und Mögliche sein. Wie häufig können wir im Alltag erleben, dass sich Wahrnehmungen zweier Menschen von ein und derselben Sache unterscheiden. In derartigen Situationen geschieht es häufig, dass wir den anderen für nicht ganz richtig im Kopf halten, wenn seine Wahrnehmung von unserer abweicht.

Viele Menschen nehmen nur zu oft unhinterfragt an, dass ihre Gesprächspartner dieselben Vorstellungen haben wie sie, erst recht, wenn die gleichen Wörter benutzt werden. Naheliegenderweise erwarten sie dann vom anderen, dass er sich entsprechend verhält, eben so, wie sie es für die betreffende Situation als angemessen empfinden. Die alltäglichen Konflikte entstehen aus der unzutreffenden Annahme, dass der andere etwas nur ganz genauso sehen, beurteilen, schätzen und empfinden kann, wie man selbst.

Die bisherigen Ausführungen ergeben eine wichtige Schlussfolgerung:

> Menschen bilden sich zu allen möglichen Themen Vorstellungen und haben ein großes Bedürfnis, sich ihre inneren Bilder zu bestätigen.

Der Satz: „Das kann ich mir nicht vorstellen" scheint unmissverständlich klar auszudrücken, dass für einen bestimmten Vorgang kein gedankliches Bild vorhanden ist. Die ausführliche Formulierung müsste aber eigentlich lauten: „Ich kann mir das so, wie ich es mir vorstellen soll, nicht vorstellen. Mein Bild davon sieht ganz anders aus."

Wem es gelingt, das Bild des anderen zu erfassen, hat die Ausgangsbedingung für eine mögliche Veränderung und Beeinflussung geschaffen. Es bietet sich an, den anderen zu bitten, sich noch etwas genauer zu erklären:

„Sie stellen sich das ganz anders vor."
Oder: „Sie haben sich bislang ein ganz anderes Bild gemacht."
Oder: „Wie ist Ihre Vorstellung?"

Ich erinnere noch einmal an *Henry Fords* Satz:

„Wenn es ein Geheimnis des Erfolgs gibt, dann ist es das: Den Standpunkt des anderen zu verstehen und die Dinge mit seinen Augen zu sehen."

Verstehen heißt nicht gutheißen. Man kann durchaus etwas verstehen und gleichzeitig ablehnen. Verstehen meint hier, einen Standpunkt, eine Vorstellung des Gesprächspartners zunächst einmal als gegeben hinzunehmen. Spürt der andere, dass man die Dinge mit seinen Augen sieht, wird seine Neigung, das einmal gefasste Bild zu verteidigen, merklich nachlassen. Wenn man seinen Standpunkt bestätigt, hat dies nichts mit Einverständnis und Bewertung zu tun. Man bestätigt ihm lediglich, dass man sich bemüht, seine Sicht nachzuvollziehen. Alles weitere ist dem sich daraus ergebenden Gespräch vorbehalten. Statt beispielsweise auf den Satz: „Das entspricht nicht meiner Vorstellung" widersprechend zu reagieren, bietet sich folgende Gesprächsvertiefung an:

„Sie sagen, dass es nicht Ihrer Vorstellung entspricht. Können Sie mir gerade etwas näher beschreiben, was Sie sich vorgestellt haben. Vielleicht kann ich Ihren Wünschen ganz genau entsprechen."
Oder: „Damit das Ergebnis so wird, wie Sie sich das vorstellen, höre ich mir am besten einmal an, worauf Sie besonderen Wert legen."
Oder: „Was muss ich ändern, damit es Ihren Vorstellungen entspricht?"

Wem die eigenen Argumente vernünftig erscheinen, der mutmaßt, dass er sich vernünftig und klar ausdrückt. Ebenso nimmt er an, dass die eigenen Überlegungen den Gesprächspartner überzeugen werden. Oft richtet man in der Auseinandersetzung die Aufmerksamkeit nur auf die eigenen Argumente und verliert den Gesprächspartner aus den Augen. Wenn sich dann der andere ins Gespräch bringt und Zweifel oder Einwände äußert, dann versucht man zumeist, den Sinn dieser Ablehnung zu verstehen.

Dabei wird darauf verzichtet nachzufragen, was der Gesprächspartner genau meint. Sind seine Einwände Ausdruck mangelnder Information oder gar fehlenden Vertrauens in die Glaubwürdigkeit? Viele Menschen stellen lieber Vermutungen über die möglichen Gründe auf. Wer die Äußerung des anderen aus der eigenen Sicht interpretiert, beschäftigt sich mehr mit Annahmen über den anderen, als mit dem anderen selbst. Man entwickelt Vorstellungen über die möglichen Gründe für Einwände des Gesprächspartners. Im Grunde genommen bringt man Argumente gegen die eigenen Vorstellungen vor.

Es erstaunt mich immer wieder, wie auf die Ablehnung von Ratschlägen reagiert wird: Da wird prompt ein zweiter Vorschlag gemacht, dem ein dritter hinzugefügt wird, worauf ein vierter folgt. Sie können beobachten, wie die Ratgeber an den abgelehnten Empfehlungen beharrlich festhalten. Sie erklären den Sinn und Nutzen ihrer Überlegungen, ohne im geringsten die Ziele Ihres Gegenübers zu kennen.

Da äußert beispielsweise ein Kunde: „Ich würde gern 20000 Euro anlegen und wollte mal hören, was es da so gibt."
Ein unerfahrener Berater könnte erwidern: „Darf ich Ihnen gerade unserer Privat-Mandat-Invest-Wachstum vorstellen? Es handelt sich um ein Dachfondkonzept, das in ausgesuchte Aktien-, Renten-, Geldmarkt- und Immobilienfonds unserer Bank sowie renommierter externer Gesellschaften investiert. Ihr Anlagekapital wird zu maximal 90% in Aktienfonds investiert."
Kunde: „Ach nein. Also, Aktien, das ist eigentlich nicht das, woran ich gedacht hatte, eher etwas mit Sparen."
Berater: „Ach so, da käme Geldmarkt-Sparen in Frage. Das ist eine flexible Anlageform, die Ihnen Spielraum für weitere Anlageentscheidungen lässt – ohne Kosten und Risiken. Hier locken vor allem die attraktiven Zinsen – denn je höher Ihr Guthaben, desto besser die Rendite. Dabei orientiert sich die Verzinsung an der aktuellen Geldmarktlage."
Kunde: „Oh je, wie das klingt. Da weiß ich dann nie, wie sich der Markt so entwickelt und ich habe das Risiko. Nee, also gibt es da nichts Sichereres?"
Berater: „Ja natürlich. Da empfehle ich Ihnen unser Festzins-Sparen. Je länger die Laufzeit, desto höher der Zinssatz. Sie sichern sich für die gesamte Laufzeit eine feste Rendite. Wenn Sie nichts anderes wünschen, verlängert sich die Laufzeit automatisch."
Kunde: „Eigentlich klingt das ganz gut, was Sie da vorschlagen."

Sind wir jetzt wesentlich weiter?

Im Unterschied zur Maschine handeln Menschen aufgrund von Absichten und streben nach Zielen. Diese gilt es zu klären. Bewährt haben sich dabei folgende Fragen:

- Was genau wollen Sie damit erreichen?
- Was versprechen Sie sich davon?
- Worauf soll das im besten Fall abzielen?
- Welchen Gewinn erhoffen Sie sich dadurch?
- Was ist anders, wenn ...?

> Erst wenn es Ihnen gelingt, das **Zielbild** des anderen zu erfassen, können Sie dies beeinflussen und verändern.

Das klingt leichter gesagt als getan. Viele Menschen gestehen sich nur schwer ein, dass sie sich über zukünftige Ereignisse ganz konkrete, visuelle Vorstellungen machen. Diese sind auch kaum in der Lage, über ihre derartigen Bilder zu sprechen. Genau da liegt die Hürde: Das, was uns als ausformulierter Wunsch mitgeteilt wird, muss noch lange nicht mit dem Bild, das sich der andere dazu macht, übereinstimmen. Verkäufer und Berater können davon ein Lied singen. Ich greife auf das vorangegangene Beispiel zurück:

Nach der Begrüßung fragt der erfahrene Berater: „Was kann ich für Sie tun?“
Kunde: „Ich würde gern 20.000 Euro anlegen und wollte mal hören, was es da so gibt.“
Verkäufer: „Gibt es etwas Bestimmtes, was Sie interessiert?“
Kunde: „Nein, ich bin da noch völlig offen.“
Verkäufer: „Das heißt, es kommt für Sie eigentlich jede Anlageform in Frage.“
Kunde: „Auf keinen Fall! Bloß keine Aktien! Überhaupt möchte ich möglichst wenig Risiko eingehen. Spekulationsgewinne sind mir moralisch zuwider. Ich hatte an Pfandbriefe gedacht. So etwas mit langer Laufzeit und entsprechend hoher Verzinsung.“

Wie viel Kaufabsicht wäre womöglich im Keim erstickt, wenn der Berater den Kundensatz „Ich bin noch völlig offen“ wörtlich genommen hätte und diesen mit einem interessanten Aktienfond vertraut gemacht hätte. Schlagartig wäre eine schlechte

Stimmung entstanden. Der Kunde wird ganz konkret mit etwas konfrontiert, was er ja in seiner moralischen Vorstellung entschieden ablehnt.

Sagt Ihr Gesprächspartner allerdings: „Na und, was habe ich davon?“ ist noch nicht deutlich geworden, wo die Vorteile und der Nutzen für ihn liegen. Bei der Produktauswahl gewinnt ja keineswegs das Produkt mit den meisten Merkmalen. Entscheidend ist nicht das, was ein Produkt an und für sich kann, sondern was es konkret für den Interessenten tut.

Es ist ein großer Unterschied, ob man sich beim Vermitteln seiner Botschaften auf Merkmale und Eigenschaften bezieht oder vom Standpunkt des Gesprächspartners aus argumentiert. Es gilt, fortwährend dessen Nutzen und dessen Vorteil anzusprechen.

Für Ihr Gegenüber sind zusätzliche Informationen (die „an sich“ interessant sein mögen) häufig verwirrend. Darum gilt es, die tatsächlich erforderlichen Informationen so aufzubereiten und vorzutragen, dass Ihr Gegenüber die Bedeutung erkennen kann. Das gelingt Ihnen am Besten, wenn Sie möglichst oft vom sogenannten „Sie-Standpunkt“ aus formulieren. Beachten Sie, dass Ihr Gesprächspartner weniger an technischen Detailfragen, als vielmehr an seinem konkreten Nutzen interessiert ist.

Mit folgenden Satzanfängen machen Sie Ihr Gegenüber neugierig. Der andere erfährt bereits mit den ersten Worten seinen Nutzen:

- „Damit gewinnen Sie ...“
- „Das erlaubt Ihnen ...“
- „Dadurch sparen Sie ...“
- „Das erhöht Ihren ...“
- „Das garantiert Ihnen ...“
- „Das verbessert ...“
- „Das bedeutet für Sie ...“
- „Dadurch benötigen Sie weniger ...“
- „Das erleichtert Ihnen ...“
- „Das steigert Ihren ...“

Je intensiver der Gesprächspartner erleben kann, welchen Wert eine Idee, ein Plan oder eine Ware für ihn hat, um so empfänglicher wird er für die weiteren Ausführungen. Denn was wertvoll ist, wird zugleich auch als angenehm und positiv empfunden. Der Wert ist aber eine subjektive Größe und kann ausschließlich vom Adressaten erlebt werden. Nicht Sie, sondern Ihr Gegenüber entscheidet, was er gut findet.

> Damit der Wert locken kann, muss er mit den inneren Bildern und Überzeugungen des Gesprächspartners übereinstimmen.

Dies zeigt noch einmal von einer anderen Seite: Es ist für eine erfolgreiche Kommunikation unerlässlich, sich in die gedankliche Welt des Gegenübers einzufühlen und stets von dessen Position aus zu argumentieren.

Wie können Sie nun eine Idee davon bekommen, was sich im Kopf Ihres Gegenübers abspielt?

Jeder gibt durch das, was er sagt, und wie er es sagt, ein Bild von seiner Wirklichkeit. Wer etwas bewegen will, muss die Sprache seines Gegenübers erlernen und verwenden. Das heißt, die Art und Weise, **wie** sich der andere ausdrückt, ist wesentlich. Wir kommen viel weiter, wenn wir schwierige oder empfindliche Punkte in der Sprache des Betreffenden besprechen statt in unserer Sprache.

Das ist übrigens keine Erfindung von mir – dazu hat sich schon Aristoteles geäußert. Er sagt: Wenn du jemanden überzeugen willst, verwende seine eigenen Argumente. Nichts anderes besagt die Erfolgsformel **E = O × Z** .

Wer erfolgreich kommuniziert, sucht permanent den „Draht“ zum anderen. „Einen Draht finden“ – Wie geschieht das? Sie haben bereits das umschreibende Zuhören kennen gelernt. Durch Zuhören lässt sich rasch ein guter Kontakt zum Gegenüber aufbauen. Wenn zwei Menschen miteinander sprechen, können wir beobachten, dass sich in Fällen guten Kontakts auch die Haltung ständig angleicht. Es scheint fast ein Tanz in Zeitlupe, bei dem jede Veränderung des einen eine Veränderung beim anderen bewirkt.

Der aus dem Französischen stammende Begriff „**Rapport**“ beschreibt den unmittelbaren Kontakt zwischen zwei Personen.

Wenn zwei Menschen in Rapport sind, scheint die Kommunikation zu fließen. Sowohl ihre Körper als auch ihre Worte sind aufeinander abgestimmt, sie tendieren dazu, sich in Körperhaltung, Gestik und Augenkontakt einander anzugleichen. Dazu sagt man auch spiegeln. **Spiegeln** bedeutet, dem Gesprächspartner zu vermitteln, wir nehmen die Umwelt so wahr, wie er sie wahrnimmt.

**Rapport** ist der übergeordnete Begriff für den Vorgang der Kontaktaufnahme, während **Spiegeln** das aktive Tun beinhaltet.**Spiegeln** findet auf sehr vielen verschiedenen Kanälen statt: Körperhaltung, Bewegung, Mimik und Gestik, Atemrhythmus, bevorzugte Wahrnehmungsebene, Augenbewegungen, Sprechweise, Stimmlage, Formulierungen und sprachlicher Ausdruck. Auch ohne uns dessen bewusst zu sein, spiegeln wir ständig im Alltag. Wir spiegeln, um uns unterschiedlichen sozialen Situationen anzupassen, um andere zu beruhigen und es uns selbst angenehm zu machen. Wir spiegeln Gefühle, indem wir einen traurigen Menschen in einer einfühlsamen Art und Weise ansprechen, anstatt ihn mit einem kräftigen „Kopf hoch" anzuschnauzen. Stattdessen spiegeln wir vielleicht zuerst seine Körperhaltung, versuchen uns daran anzupassen und sprechen in einem mitfühlenden und sanften Ton.

Auf einen Aspekt möchte ich noch etwas ausführlicher eingehen: Menschen beschreiben ihre Erfahrung häufig so, wie sie diese wahrgenommen haben. Die Wörter, mit denen sich jeder von uns ausdrückt, zeigen sehr deutlich, welche Sinne beim Erleben benutzt werden. Zur Verdeutlichung berichte ich Ihnen von einem meiner Studenten, der mich just an dieser Stelle meiner Ausführungen unterbrach:

„Ich sehe schon, worauf Sie hinauswollen, aber das scheint mir doch ziemlich weit hergeholt. Wenn ich rede, dann lege ich mir doch nicht bestimmte Worte zurecht, das ist doch ganz offensichtlich. Das sieht zwar zunächst einleuchtend aus, was Sie uns hier illustrieren, aber das widerspricht meiner Vorstellung von Spontaneität. Ich spreche doch spontan, so wie mir die Worte in den Sinn kommen, mal so – mal so. Darum durchschaue ich noch nicht, wofür das gut sein soll. Für mich sieht das ziemlich weltfremd, ja konstruiert aus."

| |
|---|
| Die Wörter, mit denen sich jeder von uns ausdrückt, zeigen sehr deutlich, welche Sinne beim Erleben benutzt werden. |

Beim **visuell** orientierten Menschen herrschen Wörter aus dem Umfeld des Sehens vor wie „sehen“, „sich vorstellen“, „klar“, „beobachtbar“ usw.

**Auditiv** orientierte Menschen verwenden bevorzugt Wörter, die aus dem Umfeld des Hörens stammen wie „hören“, „sprechen“, „harmonisch“, „übereinstimmen“ usw.

Menschen, die sich an **Bewegungen** orientieren, nehmen ihre Umwelt in erster Linie über ihre Körperempfindungen wahr. Sie benutzen häufig Wörter, die das Fühlen und Empfinden ausdrücken wie „berühren“, „ergreifen“, „erfassen“, nachfühlbar“, „beherzt“ usw. Diese Art der Wahrnehmung nennt man auch **kinästhetisch**.

Es ist immer höchst vorteilhaft, zu wissen, auf welcher Wahrnehmungsebene sich der Gesprächspartner befindet. Das erleichtert nicht nur die Kontaktaufnahme, sondern auch die Darstellung einer Idee oder eines Produkts. Sie können sich viel leichter in die Welt des anderen hineinversetzen, wenn Sie dessen Wahrnehmungssystem erkennen und auf der gleichen Ebene mit ihm kommunizieren.

Mit ein wenig Übung werden Sie die Unterschiede in der Ausdrucksweise Ihrer Gesprächspartner trennscharf erkennen können. Sie optimieren Ihren Eindruck, wenn Sie sich genau darauf einstellen. Das mag zunächst kompliziert scheinen, doch wenn Sie eine Telefonnummer wählen und eine falsche Verbindung bekommen, was machen Sie dann? Auf die Taste Wahlwiederholung drücken? Den falsch Angerufenen beschimpfen, weshalb er abhebe, er sei doch gar nicht gemeint? Natürlich nicht! Sie korrigieren die Nummer so lange, bis die gewünschte Verbindung steht.

Im Umgang mit Gesprächspartnern gilt die gleiche Gesetzmäßigkeit: wenn der Sprach-Verständnis-Code falsch ist, dann muss dieser korrigiert werden, bis die Verbindung steht. Ich will dies an einem Beispiel illustrieren: Sie haben beispielsweise einem

Interessenten verschiedene Modelle unterbreitet und dieser reagiert auf das letzte so:

„Das hier **sieht** eigentlich ganz gut aus und **scheint** mir am vielversprechendsten zu sein."
Wer die visuelle Betonung erkennt, **zeigt** dies in etwa so: „Ja, die **Aussichten** sind wirklich **vorzeigbar**. Wenn Sie möchten, **visualisiere** ich Ihnen, welche **Perspektive** wir hier erwarten."
Ein mehr auditiv orientierter Gesprächspartner könnte so reagieren: „Das **klingt** ganz gut, was Sie da **sagen** und **hört** sich für meine Belange **stimmig** an.
Hier **hört** sich die **Antwort** so an: „Das **spricht** Sie an. Wenn Sie möchten, **erkläre** ich Ihnen noch die besonderen **Akzente** dieses Modells."
Wenden wir uns schließlich einem an Bewegung und Empfindung orientierten Menschen zu, der sagt: „Das hier **gefällt** mir und **schneidet** im **Vergleich** am besten **ab**."
Ein aufmerksamer Gesprächspartner **behandelt** sein Gegenüber in etwa so: „Das **ergibt** für Sie einen **greifbaren** Nutzen und Sie könnten sich für dieses Modell **erwärmen**. Wenn Sie möchten, **gehe** ich mit Ihnen die einzelnen Punkte im **Detail durch**."

Wer bei dem folgenden Gespräch genau hinhört, merkt, wie leicht Menschen aneinander vorbeireden können:

Kunde: „Die Finanzierung unseres Hauses wird immer **bedrückender**. Was immer ich **unternehme**, es ist irgendwie falsch. Nun ist langsam der Punkt erreicht, an dem ich mich am Ende fühle."
Berater: „Sie **sehen** da keinen Ausweg mehr."
Kunde: „Nun, es ist irgendwie so **festgefahren**. Seit meine Frau ihre Stelle verloren hat, **spüren** wir, wie gewaltig die Deckungslücke geworden ist. Warum musste man ihr ausgerechnet jetzt kündigen?"
Berater: „Für Sie war das ganz **unvorhersehbar**."
Kunde: „Neulich waren wir ja noch ganz **erwartungsvoll**, weil uns eine Erbschaft einer entfernten Tante ins Haus stand. Aber kaum war die Freude **verraucht**, **entpuppte** sich das Ganze als hübsches Nasenwasser, schlappe tausend Euro blieben übrig. Können Sie **nachempfinden**, wie uns **zumute** war?"
Berater: „Ja, das **sieht** dann schlecht aus und bringt keine neue **Perspektive**."
Kunde: „Vielleicht haben Sie ja eine Idee, wie wir das Problem in den **Griff** bekommen können."

Berater: „Ja, ich glaube schon, zumindest **sehe** ich jetzt **klarer**. Welche **Aussichten** hat denn Ihre Frau, erneut zur Finanzierung beizutragen?“
Kunde: „Irgendwie merke ich, dass ich mich nicht so ganz verständlich machen kann.“

Folgende Zusammenstellung mag Ihnen helfen, Ihren Wortschatz auf die jeweiligen Erfordernisse auszurichten.

| **visuell** | **auditiv** | **kinästetisch** |
|---|---|---|
| sehen | zu-stimmen | be-greifen |
| beobachten | be-tonen | be-handeln |
| zeigen | an-hören | er-fahren |
| durchblicken | ausge-sprochen | unter-nehmen |
| beschreiben | un-erhört | auf-bürden |
| aufzeigen | klingen | ein-fühlen |
| untermalen | sagen | fassbar |
| vorstellen | reden | begreiflich |
| einsichtig | sprechen | beherzt |
| offensichtlich | verständlich | verbohrt |
| Anschauung | gestimmt | empfindlich |
| Perspektive | harmonisch | schwer/leicht |

## 8. Mit ÜKEA den anderen gewinnen

Dieses Kapitel macht Sie mit vier Faktoren vertraut, die Ihnen eine optimale Verständlichkeit ermöglichen. Sie erfahren, wie Sie Ihren Gegenüber so motivieren, dass dieses sich gern mit Ihrer Mitteilung – mündlich und schriftlich – auseinandersetzt.

Wer hat sich schon einmal klargemacht, wie oft wir anderen Menschen etwas erklären? Wie viele Fragen werden uns täglich gestellt, die einer erklärenden Antwort bedürfen? Und häufig sind wir genötigt, einer Anweisung die erforderliche Erklärung hinzuzufügen.

Wem die eigenen Überlegungen als vernünftig und klar ausgedrückt erscheinen, der folgert oftmals, dass diese auch seinem Gesprächspartner begreiflich erscheinen und einleuchten.

Wer einem anderen etwas erläutern möchte, sollte wissen, wovon er spricht; das nennen wir Fachwissen. Doch leider befähigt fachliche Kompetenz noch nicht automatisch, anderen etwas so darzulegen, dass sich weitere Fragen und Einwände erübrigen. Ganz im Gegenteil: Aus Schule und Ausbildung verfügt jeder über genügend leidvolle Erinnerungen an Fachleute, die außerstande waren, ihren Stoff verständlich zu erklären. Einen Sachverhalt selbst verstanden zu haben und diesen einem anderen verständlich zu machen, sind zwei Paar Schuhe. Der Journalist Joseph Pulitzer empfahl schon vor über hundert Jahren dazu:

- Was immer du schreibst – schreibe kurz, und sie werden es lesen,
- schreibe klar, und sie werden es verstehen,
- schreibe bildhaft, und sie werden es im Gedächtnis behalten."

Um also verständlich zu sprechen, versetzen wir uns gedanklich in die Lage unseres jeweiligen Gesprächspartners. Wir strukturieren unsere Ausführungen so, dass dieser erkennen kann, welchen **Nutzen** ihm dies bringt. Ähnlich dem Zitat von *Henry Ford* hat sich etwa zur selben Zeit *Alfred Adler* geäußert:

„Der erfolgreiche Mensch beschäftigt sich mit den Interessen des anderen, der erfolglose und gewöhnliche Mensch vorrangig mit seinen eigenen."

Hinter der ÜKEA-Abkürzung der Überschrift verbergen sich vier Erfolgsfaktoren, die Ihnen zu einer optimalen Verständlichkeit verhelfen*:

- **ü**bersichtlich statt ungeordnet und zusammenhangslos
- **k**urz statt weitschweifig
- **e**infach statt kompliziert
- **a**nregend statt langweilig und trocken.

Mit diesen Faktoren können Sie beurteilen, wie verständlich mündliche und schriftliche Mitteilungen sind. Darüber hinaus können Sie selbst verständlicher formulieren. Sie werden dabei für die unterschiedlichen Sprachniveaus Ihrer Gesprächspartner sensibler. Sie können sogar fremde, schwer verständliche Texte korrigieren und diese verständlicher machen. Ob Sie

- präsentieren oder etwas vortragen,
- Protokolle anfertigen,
- Aktennotizen und E-Mails schreiben oder
- anderen klare und präzise Anweisungen geben

stets können Sie die ÜKEA-Faktoren nutzen, die ich im folgenden einzeln erläutere.

## Übersichtlich

Im Kapitel 4 „Wie wir Emotionen erzeugen" hatte ich erklärt, wie Menschen auf Stress reagieren, auf Seite 50 hieß es:

> Gesprächspartner schützen sich vor Situationen, die negative Gefühle hervorrufen und meiden diese. Dazu gehört alles, was fremd, verworren oder unklar scheint.

Was neu ist, wirkt fremd und kann verunsichern. Erinnern Sie sich an typische Erlebnisse von Fremdheit: beispielsweise Schul-

* In Anlehnung an das Hamburger Verständlichkeitsmodell von Inghard Langer, Friedemann Schulz von Thun und Reinhard Tausch, das bereits in den 70er Jahren entstand.

wechsel, neuer Arbeitsplatz, Einladung in unvertrauter Umgebung oder eine ungewöhnliche Begegnung. Je schneller Ihnen klar wurde, wie Sie sich zu verhalten haben (salopp formuliert: „wo es lang geht"), um so rascher wich das Gefühl von Beklommenheit.

Gleiches erleben Sie, wenn Sie bei Ihrer vertrauten Arbeit vor eine neue Aufgabe gestellt werden. Je unübersichtlicher das Problem erscheint, um so größer wird Ihr Wunsch, sich zu orientieren. Sie suchen dann etwas, was Ihnen geläufig ist und Sicherheit gibt.

Dieser Suche nach Orientierung gilt es entgegenzukommen.

> Damit sich unser Gegenüber sicher und wohl fühlt, ist es wichtig, unsere Äußerungen zu ordnen. Dem anderen soll von Beginn an klar werden, wohin die „Gedankenreise" geht. Er soll wissen, auf was er sich einlässt, wenn er uns zuhört.

Die größte Hilfe, die anfängliche Verworrenheit zu lösen, ist ein **Überblick**. Der Überblick ersetzt zwar nicht das Verständnis, aber er schafft **Orientierung**. Er dient dazu, vor dem Hören von Details das größere Bild zu sehen und die Bedeutung des Großen und Ganzen zu erfassen. Das ermöglicht eine Einordnung und Verknüpfung mit bisherigem Wissen.

Was heißt denn nun übersichtlich sprechen?

Helfen Sie Ihrem Gegenüber, den Sinn Ihrer Botschaft zu begreifen. Strukturieren Sie den Inhalt so, dass der andere das von Ihnen Vorgedachte nachvollziehen kann. Wollen Sie mehr Übersichtlichkeit schaffen, können Sie **drei** Dinge beachten:

(1) Die Entwicklung des Beitrags ist für Ihr Gegenüber **erkennbar gegliedert** nach Haupt- und Nebenpunkten. Unterschiedliche Gedanken sind als kleine Einheiten sichtbar bzw. hörbar.

(2) Sie führen die einzelnen Gedanken **systematisch und nachvollziehbar** aus. Wir nennen das üblicherweise den „roten Faden".

(3) Wichtiges **betonen** Sie oder **heben** es anschaulich **hervor**.

Erhöhen können Sie die Übersichtlichkeit, indem Sie Ihre Gliederung vorneweg skizzieren und zwischendurch einzelne

Abschnitte ankündigen. Sie schaffen durch eine klare, hörbar gemachte Gliederung beim Gegenüber eine Reihe von „Aha-Erlebnissen“. Die Wiederholung führt zum Wiedererkennen. Hörer können sich Gegliedertes besser merken.

Fehlt es an Übersichtlichkeit, wird dem Gesprächspartner die Denkarbeit des Gliederns und Ordnens der gehörten Gedanken überlassen. Das erfordert sich zusätzlich anzustrengen und kann überfordern. Die klassische Wegbeschreibung soll zur Illustration dienen.

„Wenn Sie von der Autobahn runter sind, halten Sie sich rechts. Folgen Sie der Landstraße immer geradeaus, bis Sie im zweiten Dorf einen Wegweiser nach Hausen sehen, dort biegen Sie rechts ab. Bleiben Sie nun auf dieser Straße bis ins nächste Dorf, dort müssen Sie bei dem Wegweiser nach Burg links abbiegen. Die Straße macht dann zwei mal einen rechten Winkel und mündet auf eine Landstraße, wo Sie wieder links abbiegen müssen. Bleiben Sie auf der Straße bis diese endet. Dort biegen Sie rechts ab und kommen erneut in ein Dorf, in dem Sie links in den Ortskern abbiegen. An der vierten Straße, die nach rechts abzweigt, biegen Sie erneut nach rechts ab und sind fünfzig Meter später am Ziel.“

Wie lange konnten Sie dieser „akkuraten“ Beschreibung folgen? Würden Sie ohne weiter nachzufragen Ihr Ziel erreichen? Genauigkeit ist nichts Schlechtes. Doch der fehlende Überblick erschwert, sich zu konzentrieren und das Gehörte zu verarbeiten. Die gleiche Beschreibung lässt sich auch übersichtlich beginnen:

Von der Autobahn bis zum Ziel sind es etwa 20 km Landstraße. Insgesamt werden Sie siebenmal abbiegen nach dem Muster zweimal rechts, zweimal links und dann rechts links rechts. Die Stellen, an denen Sie abbiegen, sind eindeutig und lassen sich gut merken.

Wir sind stets bemüht, den Sinn von etwas zu erfassen. Wir versuchen immer, das was wir hören oder sehen, mit etwas in Verbindung zu bringen, was wir bereits kennen. Unser Ziel ist dabei, Geschlossenheit zu erreichen, also das ganze Bild zu sehen. Wird uns das übersichtlich geliefert, sind wir zufrieden. Wenn nicht, machen wir uns eine eigene Vorstellung und beschäftigen uns bereits mit unserer entsprechenden Reaktion darauf.

Besonders wichtig wird der Überblick bei Mitteilungen, um die das Gegenüber gar nicht gebeten hat. Ob mündlich oder schriftlich – stets möchte der Empfänger so schnell wie möglich erfahren, was ihn erwartet.

Denken Sie an die Betreffzeile einer E-Mail. Da hier bereits eine Vorsortierung stattfindet, beeinflussen Sie mit dem passenden „Betreff“ die Lese-Entscheidung Ihres Adressaten. Statt die erhoffte Aufmerksamkeit durch Wichtigtuerei („brandneu“, „wichtig!“, „topaktuell“, „interessant“) zu erreichen, gilt auch hier: Geben Sie mit wenigen Wörtern dem Leser einen Überblick, auf das, was ihn in der E-Mail erwartet.

Etwa so:

- Ihre Anfrage vom …
- Ihre Bestellung vom …
- Terminänderung für …
- Terminabsage
- Angebot für …
- Einladung zum …
- Anfrage wg. …
- Bitte um Rückruf

Beim Schreiben können wir sehr viel leichter die Möglichkeiten der Übersicht nutzen. Ein Text liest sich leichter, wenn er durch Absätze klar gegliedert ist. Ein Absatz von 24 Zeilen schreckt eher ab, als drei à acht Zeilen. Zudem lassen sich die Gliederungspunkte und Zwischenüberschriften auf einen Blick erfassen. Zusätzlich lässt sich Wichtiges durch Einrücken oder Fettdruck hervorheben. Prüfen Sie einmal, bei wie vielen E-Mails, die Sie unlängst erhalten haben, die Absender Ihnen einen förderlichen Überblick gegeben haben.

Auch der Gesprächspartner, der noch als Zuhörer gewonnen werden soll, schätzt es, wenn er unaufgefordert erfährt, was ihn gleich erwartet, etwa so:

„Sie hatten nach XY gefragt, hier bringe ich Ihnen eine Zusammenstellung. Die vier wichtigsten Teilaspekte kann ich Ihnen in etwa zehn Minuten erläutern.“

„Sie kennen sich bei YZ aus. Ich benötige Ihre Hilfe bei folgender Frage: …“

„Ich möchte Sie gewinnen, bei unserem neuen Projekt mitzuarbeiten. Gern will ich Ihnen an drei Besonderheiten unseres Konzepts erklären, warum ich Sie dabeihaben möchte, und worin Ihr Beitrag bestehen sollte."

Sie können Ihre **Orientierung am Gegenüber** (Gewinnformel aus Kapitel 1) soweit treiben, dass Sie jeden Ihrer Gesprächsbeiträge **vorstrukturieren**. Sie lenken die Aufmerksamkeit zielgerichtet, wenn Sie Ihre Gesprächspartner vorab informieren, wozu Ihr Beitrag dient, beispielsweise:

- „Ich benötige Unterstützung bei …"
- „Mich beschäftigt folgende Frage: …"
- „Wer kann mir erklären, wie …?"
- „Was halten Sie von folgender Idee …?"
- „Ich habe folgenden Vorschlag: …"
- „Ich habe folgende Bitte: …"
- „Ich möchte meine Bewertung von XY erläutern …"
- „Meine Meinung dazu ist …"
- „Ich möchte dir meine Erfahrung berichten …"

## Kurz

Wenn wir in eine Erklärung zuviel hineinpacken, kann es passieren, dass wir unseren Gesprächspartner verlieren. Dieser kann ja nur eine bestimmte **Informationsmenge** auf einmal aufnehmen. Alles was darüber hinausgeht, entgleitet ihm.

In zahlreichen Untersuchungen wurde nachgewiesen, dass ein gesprochener Satz problematisch wird, wenn er die **Länge von 15 Wörtern** übersteigt. Wir erleben einen Zeitraum von nur zwei bis drei Sekunden als Gegenwart. Diese kurze Zeitspanne umfasst noch nicht einmal zehn gesprochene Wörter. Daraus folgt, dass lange Sätze schnell zu einer Überforderung für unser Gedächtnis werden.

Ist Wichtiges nicht hinreichend unterscheidbar von Unwesentlichem, kann es verloren gehen. Wir nennen das Weitschweifigkeit. Der Hörer muss dann die Arbeit des Filterns, Bewertens und Einordnens selbst übernehmen und zwar im Moment des Zuhörens. Das kostet Geduld und Konzentration. Spürt der Zuhörer, dass ihn die Menge der Information überfordert, verursacht dies Stress – Stress mit all seinen negativen Folgen.

Kaum etwas überfordert Zuhörer so sehr wie Sätze, bei denen man am Ende nicht mehr weiß, wie sie angefangen haben, beispielsweise:

„In einem bei Jena liegenden Dorf, erzählte mir, auf einer Reise nach Frankfurt, der Gastwirt, dass sich mehrere Stunden nach der Schlacht, um die Zeit, da das Dorf schon ganz von der Armee des Prinzen von Hohenlohe verlassen und von Franzosen, die es für besetzt gehalten, umringt gewesen wäre, ein einzelner preußischer Reiter darin gezeigt hätte, und versicherte mir, dass, wenn alle Soldaten, die an diesem Tage mitgefochten, so tapfer gewesen wären wie dieser, die Franzosen hätten geschlagen werden müssen, wären sie auch noch dreimal stärker gewesen, als sie in der Tat waren." [93 Wörter in einem Satz. Aus: *Heinrich v. Kleist:* Anekdote aus dem letzten preußischen Krieg.]

Lange Sätze setzen die Verständlichkeit erheblich herab. Damit sinkt die Motivation, weiter zuzuhören. (Dies sind 13 Wörter in zwei Sätzen). Mehrere kurze Sätze sind leichter zu verstehen und meist genauso aussagekräftig wie lange komplizierte Sätze.

Das berühmte *Caesar*-Zitat: „Ich kam, sah, siegte.", wäre niemals populär geworden, hätte er gesagt: „Nach meiner Ankunft und anschließender gründlicher Besichtigung der Lage erfolgte die Erringung des Sieges."

Wenn nun die Aufforderung lautet: „Sprechen Sie kurz!", ergibt sich sogleich die Frage: Wie kurz denn genau? Wer zu kurz formuliert, schießt womöglich über das Ziel hinaus. Das Ergebnis wäre ein Telegrammstil mit abgehackten Staccatosätzen.

Kurze Sätze zwingen nicht zum *Bild*-Zeitungsstil. Dort hat die Hälfte aller Sätze gerade einmal vier Wörter. Wenn Ihre Sätze im Durchschnitt bei etwa 15 Wörtern liegen, vermeiden Sie automatisch vollgestopfte Haupt- und Schachtelsätze.

Für den Satzbau gilt: Subjekt und Prädikat stehen möglichst nahe beieinander, andernfalls wird die Verständlichkeit erschwert, wie folgende Beispiele zeigen:

Ein Hauptsatz kann, vorausgesetzt, dass er nicht durch eingeschobene Nebensätze zerrissen wird, die den Satz unübersichtlich werden

lassen, was nur all zu leicht geschieht, klar und kraftvoll wirken.
Dies konnte, da die erforderlichen Mittel bei weitem die veranschlagte und folglich im Etat berücksichtigte Kostenschätzung überschritten hätten, nicht realisiert werden.
Zur Diskussion um über die vorliegenden Berichte zum Einsatz inländischer Kräfte in Sonderkulturbetrieben im Ausschuss für Ernährung, Landwirtschaft und Verbraucherschutz erklärt der Vorsitzende der Arbeitsgruppe Ernährung, Landwirtschaft und Verbraucherschutz der CDU/CSU-Bundestagsfraktion, Peter Bleser MdB: … (Aus der Pressemappe der *CDU/CSU Bundestagsfraktion* vom 8.11.2006)

Manchmal dient die Weitschweifigkeit dazu, etwas zu verbergen. Dabei werden Konjunktive und aufgeschäumte Worthülsen aneinandergereiht. Wir werden täglich mit derartigem verbalen Strohdreschen bombardiert. Es bedarf eines wachen und kritischen Geistes, zu entschlüsseln, was eigentlich gemeint ist.

Bei diesem Projekt konnte der gewünschte Erfolg nicht in vollem Umfang erzielt werden. = Das Projektziel wurde verfehlt.
Aufgrund der Heterogenität der verschiedenen Schülergruppen mit vielfältigen und teilweise diskrepanten Vorkenntnissen konnte die im Lehrplan vorgesehene Stoffmenge nicht in der wünschenswerten Vollständigkeit vermittelt werden. = Das Schuljahr endet in dieser Klasse mit erheblichen Stofflücken.
Der Vorstand hat zu verstehen gegeben, dass nicht auszuschließen sei, dass das Unternehmensziel unter den gegebenen Umständen – nämlich einem Mangel an gezielten gesetzgeberischen Maßnahmen – möglicherweise nicht voll erreicht werden könne. = Das Unternehmensziel steht in den Sternen, solange dafür Gesetze fehlen.

Wer sich kurz ausdrücken möchte, wird auch die einzelnen Wörter prüfen, ob nicht ein einfacherer und damit kürzerer Ausdruck zur Verfügung steht, beispielsweise

- statt Rücksichtnahme – Rücksicht,
- statt Aufgabenstellung – Aufgabe,
- statt Zielsetzung – Ziel
- statt zur Durchführung bringen – durchführen
- statt Heilungsverlauf – genesen
- statt Motivationsmaßnahmen – motivieren
- statt aufgrund obiger Darlegung – darum

| |
|---|
| Sie werden prägnanter, wenn Sie sich auf Wesentliches beschränken. Nehmen Ihre Gesprächspartner **weniger Information** auf, verstehen Sie diese besser und auch leichter. |

Auch beim Schreiben von E-Mails gilt, möglichst nicht mehr als 15 Wörter pro Satz zu schreiben. Schachtelsätze behindern das Verstehen einer Nachricht und können zur Verärgerung beim Leser führen. Bevor Sie ein Komma setzen, überlegen Sie, ob nicht ein Punkt gemacht werden kann.

## Einfach

Komplizierte Erklärungen können uns an die Grenzen unseres Aufnahmevermögens bringen. Statt uns mit dem Gehörten auseinander zu setzen, müssen wir es erst einmal entschlüsseln. Das schüchtert nicht nur ein, sondern erzeugt auch Stress.

Was ist nun unter der Aufforderung zu verstehen möglichst **einfach** zu sprechen? Gemeint ist damit, geläufige und verständliche Begriffe und Formulierungen zu benutzen. Zwar mag in einem sprachwissenschaftlichen Seminar von „adressatenbezogener Lexik" gesprochen werden, doch auch Wissenschaftler verstehen „angemessene Wortwahl". Je gängiger die verwendeten Wörter sind, desto leichter sind Mitteilungen zu verstehen.

Im Deutschen gibt es den verbreiteten Hang möglichst viele Substantive zu verwenden und sogar die Verben in Hauptwörter zu verwandeln. Obgleich die Sätze dadurch schwerfällig wirken, benutzen viele Menschen lieber sogenannte Nominalisierungen statt einfache und aussagekräftige Verben. So wird dann aus:

Verständlich zu schreiben ist lernbar.
Die klare Verständlichmachung mittels schriftlicher Formulierung ist durch Lernen erreichbar.
„Mit dem, was Sie fordern, muten Sie uns viel zu, darum lehnen wir ab."
„Ihre Forderungen stellen eine Zumutung dar und wir sind der festen Absicht, darauf mit Ablehnung zu reagieren."
„Mir war es genug, dass er sich entschuldigt hat."
„Seine Entschuldigung hat mit Genugtuung verschafft."

Vertraut ist uns dieser unförmige Stil aus der Behördensprache, wo auch noch den letzten Tätigkeitswörtern die Endung -ung angehängt wird, was dann wie folgt aussieht:

Die Erlangung der Wiedereinstufung setzt eine Antragseinreichung in doppelter Ausfertigung voraus, unter Beifügung einer Quittung über die Entrichtung der Gebühr in Höhe von 10,00 EUR.

Kontrollieren Sie einmal Ihre E-Mails und prüfen Sie, ob sich nicht das Gleiche auch mit einem Verb ausdrücken lässt. Es sei denn, Sie möchten Sprache als Statussymbol verwenden, um zum Beispiel durch Fremd- und Fachwörter zu beeindrucken. Unverständlichkeit kann ja durchaus gewollt sein.

In anderen Sprachen ist die **doppelte Verneinung** die normale grammatikalische Form. Sie macht in unserer Sprache keinen Sinn und erschwert das Verständnis unnötig.

Er lehnte ab, keine Ausnahme zuzulassen.
Sie verzichtete nie darauf, nicht zu widersprechen.
Die Fakten nicht zuzugeben, wurde leider unterlassen.
Nicht ohne Missfallen betrachte ich Ihre Arbeit.

Diese Beispielsätze sind zwar kurz, doch keineswegs einfach. Vielleicht ist dem Sprecher das Einfache zu einfach.

Er ließ Ausnahmen zu.
Sie widersprach immer.
Die Fakten wurden leider zugegeben.
Mit Missfallen betrachte ich Ihre Arbeit

Gern werden Verneinungen auch zusammen mit Adjektiven verwendet. Dabei werden die mit einem „un-“ eingeleiteten negativen Wörter durch ein „nicht“ entkräftet.

Du bist nicht untalentiert.
Das ist nicht unwahr.
Wir sind nicht uninteressiert.

Wie einfach oder schwierig Sie Ihre Worte wählen, hängt von Ihrem Gesprächspartner ab. Wollen Sie keine „Bildungsmauer“ errichten, werden Sie auf alle Fremdwörter verzichten, für die es eine gebräuchliche deutsche Entsprechung gibt. Warum „Hearing“ sagen, wenn doch jeder „Anhörung“ versteht.

Wenn Sie einfach sprechen, werden Sie Ihre täglich verwendeten Fachbegriffe und Abkürzungen keinem berufsfremden Menschen zumuten.

## Anregend

Es gibt noch einen letzten Punkt: Die **Anregung**.

Wenn Sie einfache und anschauliche Beispiele verwenden, entschlüsseln sich auch komplizierte Sachverhalte wie von selbst. Sie wirken dadurch anregend. Ihre Äußerungen wirken eindringlich.

Trockene und langweilige Darstellungen nötigen den Zuhörer, sich selbst zu motivieren.

> Bedenken Sie immer, dass es für die Zuhörer schwer ist, lange und konzentriert zuzuhören. Menschen sind gern aktiv, geben Sie Ihren Zuhörern dazu Gelegenheit.

Beziehen Sie den Gesprächspartner in Ihre Gedanken mit ein und lassen Sie ihn gedanklich aktiv werden, beispielsweise:

- „Stellen Sie sich vor, wir entscheiden uns für …"
- „Lassen Sie uns überlegen, was passiert, wenn …"
- „Sie erinnern sich an XY, vergleichen Sie einmal …"
- „Vielleicht denken Sie jetzt YZ, darum will ich Ihnen …"
- „Wägen Sie in Gedanken einmal ab, ob es besser wäre wenn …"

Nebenbei: Gesprächspartner schätzen es, wenn sie mit Namen angesprochen werden, das trägt zu einer angenehmen Atmosphäre bei. Darüber hinaus können Sie in Ihrem Beitrag wechseln: zwischen Aussage und Ausruf, zwischen verschiedene Fragearten und Fragetechniken, zwischen laut und leise etc. Sie gestalten damit Ihren Beitrag interessant.

- „Was sagen Sie zu folgendem Sachverhalt: …?"
- „Was ist Ihre spontane Meinung zu …?"
- „Stellen Sie sich vor!"
- „Ausgerechnet jetzt!"
- „Sie werden staunen!"

Eine größtmögliche Deutlichkeit erzielen Sie durch nachvollziehbare **Beispiele**. Wenn es möglich ist, nutzen Sie die direkte Anschauung. Nicht umsonst lautet eine Redewendung: „Ein Bild sagt mehr als 1000 Worte." Was Menschen **sehen und hören** können, prägt sich besser ein, als wenn sie nur davon hören. Bei Messungen zu Behaltensleistungen / Erinnerungsvermögen ergaben sich regelmäßig Unterschiede von 50 % (Sehen + Hören) gegenüber 20 % (nur Hören).

Es gehört vielerorts zum Standard, möglichst viele bunt aufbereitete Folien oder eine animierte Powerpoint-Präsentation zu zeigen. Ich möchte Sie ermuntern, auch mit einfachsten Mitteln anschaulich zu erklären. Das kann eine Skizze mit wenigen Strichen sein, eine angedeutete Grafik oder eine einfache Handzeichnung. Jeder Zuhörer ist dankbar, wenn sein Vorstellungsvermögen gefüttert wird.

Mit unserer **Gestik** unterstreichen wir nicht nur das Gesagte, sie eignet sich auch, um etwas zu verdeutlichen. Ob Gliederungspunkte, Größenunterschiede, Drehrichtungen oder Formen, stets können unsere Hände das Besprochene darstellen.

Ganz Geübte nutzen den **Standpunktwechsel**, um einen Redebeitrag anregend zu gliedern. Dazu wird tatsächlich der Standpunkt im Raum gewechselt. Da werden beispielsweise die Pro-Argumente gesammelt, von denen sich der Sprecher mit einem deutlichen Schritt entfernt, um nun am neuen Standpunkt die Contra-Argumente aufzulisten.

Mit **Vergleichen** können Sie Ihrem Zuhörer helfen, sich bereits Bekanntes zu vergegenwärtigen und das Neue damit in Beziehung zu setzen. Der Aha-Effekt führt nebenbei zu einem positiven Gefühl beim Gesprächspartner. Weil Verben meist anschaulicher als Substantive sind, verwenden Sie diese so oft wie möglich.

Kochend wie aus Ofens Rachen
Glühn die Lüfte, Balken krachen,
Pfosten stürzen, Fenster klirren,
Kinder jammern, Mütter irren,
Tiere wimmern
Unter Trümmern,
Alles rennet, rettet, flüchtet,
Taghell ist die Nacht gelichtet.
[Aus: *Friedrich Schiller*: Das Lied von der Glocke]

Auf solche Weise werden trockene Inhalte lebendig. Ihr Gegenüber zeigt mehr Interesse und Aufmerksamkeit.

Zum Schluss muss ich allerdings anmerken, dass die ÜKEA-Faktoren sich gegenseitig widersprechen.

Deshalb können Sie entweder optimal anregen oder sehr kurz und prägnant sprechen.

Ebenso verlängert Übersichtlichkeit Ihren Redebeitrag etwas und bei komplizierten Sachverhalten ist ein gewisses Maß an Wiederholung hilfreich.

Die angemessene Mischung der ÜKEA-Faktoren hängt davon ab, wie wach und interessiert Ihr Gesprächspartner ist und welche Vorkenntnisse er zu diesem Thema mitbringt. Als Regel lässt sich aufstellen:

- So übersichtlich wie möglich,
- im allgemeinen kurz und prägnant
- so einfach wie nötig,
- so anregend und anschaulich, wie angebracht.

# 9. Unscheinbare Wörter – große Wirkung

In diesem Kapitel gehe ich auf einige schlichte Wörter unserer Alltagssprache ein. Sie erfahren, zu welchen Auswirkungen die Verwendung dieser Wörter führen kann. Außerdem lernen Sie Möglichkeiten kennen, wie Sie mit geringen Veränderungen Ihrer Wortwahl Reaktionen erreichen, auf die es Ihnen ankommt.

Wenn sich beide Seiten mit Respekt begegnen, dann ist die wichtigste Voraussetzung für eine gute Gesprächsatmosphäre erfüllt. Es kommt darauf an, die Meinung des anderen zu akzeptieren und sich gegenseitig ausreden zu lassen. Und natürlich sind wir stets bemüht unsere jeweiligen Gesprächspartner ernst zu nehmen.

Doch trotz allerbester Absicht gerät manches Gespräch unvermittelt in einen Streit. Das kann am Inhalt liegen. Oftmals ist es jedoch die Verwendung ganz unscheinbarer Wörter, die dazu führt, dass sich unser Gegenüber plötzlich angegriffen fühlt. Das folgende Kapitel lenkt Ihre Aufmerksamkeit auf die kaum beachteten Verbindungswörter, die uns mehr Verdruss bereiten als mancher ahnt.

Wenn unser Gesprächspartner etwas äußert, womit wir nicht übereinstimmen oder was uns bei unserer Zielverfolgung stört, so können wir direkt dagegen angehen. Meistens versuchen wir es jedoch indirekt, in der Hoffnung, den Widerspruch nicht aufzudecken. Dabei ist die verbreitetste Form nicht ernstgemeinter formaler Zustimmung die „Ja, aber"-Technik. Diese Technik bedient sich eines Tricks: Der Gesprächspartner soll durch den zustimmenden Vordersatz gewissermaßen eingelullt werden, damit er die Verneinung oder Einschränkung nicht mehr so direkt wahrnimmt.

„Ja, da bin ich ganz Ihrer Ansicht, **aber** lassen Sie mich gerade erklären …"
„Ja, da stimme ich Ihnen vollkommen zu, **aber** Sie müssen berücksichtigen …"

„Ja natürlich, das sehe ich ganz genauso, **aber** du hast übersehen, dass …“
„Ja, da hast du recht, **aber** leider geht das nicht, weil …“

Es lässt sich beobachten, dass Aber-Sätze nach einem Schema ablaufen: Im Vordersatz wird der Gesprächspartner „nett“ angesprochen und im Aber-Satz wird die eigene Position dargelegt. In unserer Sprache wird das Wesentliche üblicherweise im Hauptsatz ausgedrückt, während die Nebensätze der Ergänzung dienen. Bei den Aber-Sätzen kehrt sich diese Regel um. Das, worauf es letztlich ankommt, wird mit dem nachgeschobenen „Aber“ eingeleitet.

> Der Effekt des Wortes „aber“ besteht darin, zwei Gesichtspunkte einer Sache gegenüberzustellen und dabei einen zu entwerten.

Nicht nur mit dem **„Aber“** werden Einschränkungen und Gegensätze gekennzeichnet. Andere Wörter mit gleicher Bedeutung sind die Verbindungswörter
- doch
- jedoch
- nur
- allein
- sondern
- bloß
- trotzdem

Manche Ratgeber empfehlen, das **„Aber“** durch ein anderes Bindewort zu ersetzen. Mir ist bis heute noch niemand begegnet, der nicht spürt, wenn der Vordersatz durch ein nachgeschobenes „nur“, „doch“ oder „trotzdem“ aufgehoben wird. Statt „spüren“ könnte ich auch sagen: Wir hören, dass da noch ein „**Aber**“ kommt. Sie können das umgehend überprüfen: Lesen Sie die vier Beispielsätze von der vorangegangenen Seite einmal laut. Vergegenwärtigen Sie sich, wie Ihre Stimme nach dem Vordersatz in der Schwebe bleibt oder eher nach oben geht, ehe dann der Aber-Satz folgt.

In einem zweiten Durchlauf können Sie diese Sätze noch einmal laut lesen. Dabei senken Sie jedoch bewusst die Stimme nach dem Vordersatz so ab, als ob da ein Punkt stände und Sie nicht noch weitersprechen wollten. Der Unterschied ist nicht zu überhören.

Eine ganz andere, positive Wirkung lässt sich mit der umgedrehten „Ja, aber"-Konstruktion erzielen. Sie können dies vergleichen, indem Sie einen Aber-Satz einfach umdrehen. Das eigene Anliegen formulieren Sie im Vordersatz und das Bedürfnis des Gesprächspartners drücken Sie mit dem Aber-Satz aus.

„Ich halte Ihren Zeitplan für unrealistisch, **aber** Sie sind überzeugt, es zu schaffen."
„Ich finde den Preis sehr hoch, **aber** das ist Ihr letztes Wort."
„Ich möchte gern nach Hause gehen, **aber** du möchtest noch tanzen."
„Ich finde dieses Programm viel zu teuer, **aber** du wünschst es dir sehr."

Sie kennen es wahrscheinlich von sich selbst, dass ein mögliches Zugeständnis oder Einlenken davon abhängt, ob Sie sich ernst genommen fühlen. In den obigen Beispielsätzen kommt die eigene Position ohne jeden Abstrich zur Geltung, wird allerdings durch den jeweiligen Aber-Satz abgeschwächt. Der Gesprächspartner bekommt gewissermaßen eine Chance, sein Anliegen noch besser zu „verkaufen". Gleichzeitig findet eine Auseinandersetzung mit der eigenen Gegenposition statt. In der Regel verläuft diese emotionsloser, als wenn die Sätze nach herkömmlicher Art formuliert worden wären.

Vergegenwärtigen Sie sich, dass **Wertschätzung des anderen** eine Voraussetzung erfolgreicher Gesprächsführung ist. Daher empfiehlt es sich: Ersetzen Sie das klassische, den anderen gering schätzende Muster „ja, du willst (zwar) dies, aber ich will jenes" durch ein **wertschätzendes Muster** „Ich will (zwar) jenes, aber du willst dies."

An dieser Stelle sei betont, dass Sie durch Wertschätzen und Ernstnehmen Ihres Gesprächspartners keineswegs die eigene Position aufgeben.

In vielen Gesprächen ist ein schlichtes „**und**" besser geeignet, mögliche Meinungsverschiedenheiten zu vermeiden. Auf ein „**aber**" kann gänzlich verzichtet werden.

Mit dem Austausch des Wortes „**aber**“ durch das Wort „**und**“ lassen sich Spannungen reduzieren. Man zeigt damit, dass zwei gegensätzliche Vorstellungen gleichzeitig nebeneinander bestehen können.

In einer Autowerkstatt spricht der Meister kurz nach Arbeitsschluss einen seiner Monteure wie folgt an: „Sie möchten jetzt Feierabend machen, **und** ich habe noch unerwartet einen Kunden mit einem defekten Anlasser.“
Ein anderer Vorgesetzter spricht einen seiner Mitarbeiter wie folgt an:
„Sie möchten gern so schnell wie möglich Ihren Vorschlag verwirklichen **und** ich habe noch zusätzliche Wünsche an die weitere Projektgestaltung.“

Wird gewohnheitsmäßig das „**aber**“ verwendet, hören die Mitarbeiter bereits, wie die Entscheidung auszufallen hat.

„Sie möchten jetzt Feierabend machen, **aber** ich habe noch unerwartet einen Kunden mit einem defekten Anlasser.“
„Sie möchten gern so schnell wie möglich Ihren Vorschlag verwirklichen, **aber** ich habe noch zusätzliche Wünsche an die weitere Projektgestaltung.“

Die Wahrscheinlichkeit, dass sich die Mitarbeiter mit den Zielen ihres jeweiligen Vorgesetzten identifizieren, schwindet.

Das Bindewort „**und**“ gibt beiden Positionen gleiches Gewicht und macht zugleich deutlich, dass die ausstehende Entscheidung wirklich offen ist.

Wer Wertschätzung zeigt, schafft die Grundlage für eine rationale Betrachtung unterschiedlicher Interessen. Dadurch kann der Gesprächspartner freiwillig auf seinen Standpunkt verzichten oder ihn verändern.

Die Wirksamkeit dieser Art von Gesprächsführung liegt darin, dass sich vom ersten Wort an **wertfrei** mit dem Anliegen des Gegenübers auseinandergesetzt wird.

Sobald ein „**aber**“ entschlüpft, hört der Gesprächspartner, dass seine Vorstellungen nicht akzeptiert und seine Wünsche oder Rechte weniger wichtig eingestuft werden. Er schaltet womöglich auf stur.

Nicht nur mit dem unscheinbaren Wörtchen „**aber**“ stoßen wir unabsichtlich unsere Gesprächspartner vor den Kopf. Auch die kurze **Frage nach dem Warum** entpuppt sich bei näherer Betrachtung als höchst problematisch.

Sie haben es wahrscheinlich schon oft erleben müssen, dass Ihre Ablehnung eines Sachverhalts vom Gegenüber nicht akzeptiert wird. Geradezu standardmäßig wird dann versucht, das Nein mit der „Warum?-“ bzw. „Warum nicht?“-Frage auszuhebeln, beispielsweise:

Verkäufer: „Darf ich Sie noch auf unser „Rund-um-sorglos-Paket“ aufmerksam machen?“
Kunde: „Danke, das brauche ich nicht.“
Verkäufer: „**Warum nicht**?“
Kunde: „Äh, ja, nun ... wenn ich wirklich mal Hilfe benötige, ist wahrscheinlich Feiertag und dann kann mir ja doch keiner helfen.“
Verkäufer: „**Aber** das stimmt doch nicht. Das ist bei unserem Paket ganz anders, weil wir einen 24 Stunden-Service rund ums Jahr anbieten.“
Kunde: „Mm, aber das Ganze wird mir zu teuer.“
Verkäufer: „Ja, **warum** denn das?“
Kunde: „Weil, – weil ich diesen aufwendigen Service, der von mir vielleicht überhaupt nie in Anspruch genommen wird, mit meiner Prämie mitbezahlen muss. Das will ich nicht.“
Verkäufer: „**Aber** jeder vernünftige Mensch weiß doch, dass ...“
Usw.

Wer „warum?“ fragt, verlangt nach einer Begründung. Der so Befragte muss also seine Verneinung rechtfertigen. Zugleich spürt er, dass er zwar nach der Ursache seiner Ablehnung befragt wird, diese aber im nächsten Schritt widerlegt werden soll. Ich habe in den verschiedenen Kapiteln immer wieder ausgeführt, zu welchen emotionalen Konsequenzen ein solch geringschätziger Gesprächsstil führt. Geringschätzig, weil der Gesprächspartner merkt, dass er nach Argumenten gefragt wird, die ohnehin nicht gelten werden. Solches Vorgehen fordert einen Konflikt geradezu heraus.

Menschen halten alles, was sie denken, sagen oder tun für richtig und für wichtig. Wie können dem Kunden im obigen Beispiel unterstellen, dass er sich sicher ist, alle zur Verfügung stehenden Informationen sorgfältig geprüft zu haben. Er glaubt, dass seine Ablehnung auf rationalen Argumenten basiert.

Jede Kritik, auch die sachliche Kritik, wird negativ erlebt. Sie stellt das Persönlichkeitsbild, das Selbstwertgefühl des Gegenübers in Frage. Das kann Spannungen, Angst und Unsicherheit auslösen. Der Gesprächspartner greift zum Selbstschutz, indem er seine Abwehrmechanismen von Angriff oder Flucht mobilisiert.

Hier liegt geradezu eine Paradoxie des partnerschaftlichen Gesprächsverhaltens: Bevor man nicht den Standpunkt des Gesprächspartners akzeptiert, wird dieser eher zum Beharren und Verteidigen neigen, als sich mit einer ihm fremden Position auseinanderzusetzen.

Gelingt es dem Verkäufer, die momentane Ablehnung des Kunden zu akzeptieren, könnte ein Gespräch entstehen:

Verkäufer: „Darf ich Sie noch auf unser „Rund-um-sorglos-Paket“ aufmerksam machen?“
Kunde: „Danke, das brauche ich nicht.“
Verkäufer: „Okay, Sie kommen so klar und benötigen deswegen keinerlei Serviceunterstützung unseres Hauses.“
Kunde: „Na ja, was heißt klarkommen. Erfahrungsgemäß kommen die Probleme immer zum falschen Zeitpunkt, wenn keiner erreichbar ist.“
Verkäufer: „Ja, das wäre ärgerlich. Nur ein Service, der rund um die Uhr erreichbar ist, ist für Sie interessant.“
Kunde: „In der Tat, - und wie ist Ihr Service? …“

Die „Warum?“-Frage ist die vertraute Vorgehensweise, um Ursache-Wirkungs-Zusammenhänge zu klären. Dahinter verbirgt sich folgende Vorstellung: Man muss nur die Gründe für eine gegenwärtige Entscheidung kennen, dann lasse sich diese auch entsprechend beeinflussen. Und genau dies spürt der Befragte: Egal was er erwidern wird, seine Antworten werden so lange gegen ihn ausgelegt, bis er sich bzw. seine Meinung ändert.

Wer gerne „warum?“ fragt, fühlt sich womöglich schon wieder provoziert. Fragen wir uns: Wie oft konnten wir schon erleben, dass eine unserer Antworten auf eine Warum-Frage gelten gelassen wurde? Wie oft wurde uns erwidert: „Danke, die Erklärung hat mir geholfen, jetzt kann ich das verstehen."?

**Die Warum-Frage** hat ihre Berechtigung, um Ursache-Wirkungs-Zusammenhänge zu verstehen. Wird Sie verwendet, um den Gesprächspartner zu widerlegen oder ihm gar indirekt Vorwürfe zu machen, verursacht sie **Gefühle des Bedrängt- und Beschämt-Werdens.**

Ich will auf eine weitere sprachliche Feinheit eingehen, die bei genauerem Betrachten enthüllt, wie positiv oder negativ der Sprecher denkt.

Im Deutschen wird der indirekte Fragesatz mit dem Bindewort **„ob"** eingeleitet, womit wir **Ungewissheit** und **Zweifel** über einen bestimmten Tatbestand zum Ausdruck bringen. Mit Ihrer Sprechweise zeigen Sie unbewusst den Grad Ihres Vertrauens bzw. Ihrer Zuversicht:

„Sie können ja versuchen, **ob** Sie es schaffen."
„Wir müssen unbedingt wissen, **ob** Sie heute noch liefern können."
„Ich werde jetzt prüfen, **ob** du deine Vokabeln gelernt hast."
„Ich bin neugierig, **ob** es klappt."
„Sag mir, **ob** du hilfst."

Wer „ob" sagt, macht sich in der Regel nicht bewusst, dass sein Gegenüber den mitschwingenden Zweifel kränkend deutlich spürt. Doch das **„ob"** lässt sich durch das Adverb **„wie"** ersetzen, wodurch sich indirekt fragen lässt, **in welchem Maße** ein Tatbestand beschaffen ist. Wobei das **„wie"** den Tatbestand grundsätzlich positiv voraussetzt.

„Sie können ja versuchen, **wie weit** Sie es schaffen."
„Wir müssen unbedingt wissen, **wie viel** Sie heute noch liefern können."
„Ich werde jetzt prüfen, **wie ordentlich** du deine Vokabeln gelernt hast."
„Ich bin neugierig, **wie gut** es klappt."
„Sag mir, **wie** du hilfst."

Positive Unterstellungen lassen im Gesprächspartner ein **Bild** entstehen, auf das er eher mit Zustimmung reagiert, als auf die mitschwingenden Zweifel einer Ob-Aussage. Besonders deutlich wird dies am letzten Beispiel. Der Satz: „Sag mir, **ob** du hilfst", birgt soviel Ungewissheit, dass es fast einer Einladung zur Absage gleichkommt. Während die umformulierte Aufforderung „Sag mir, **wie** du hilfst" keinerlei Zweifel aufkommen lässt, allenfalls die Intensität der Hilfe noch zur Disposition stellt. So entsteht im Gesprächspartner auf eine geradezu subtile Weise ein positives **Bild vom gewünschten Ziel**.

Den gleichen Unterschied finden Sie auch bei den direkten Fragen. Dabei zielen **enge Fragen** auf eine Ja- bzw. Nein-Antwort.

„Haben Sie unser Angebot erhalten?"
„Geben Sie auch Mengenrabatt?"
„Möchtest du etwas trinken?"
„Kommst du?"

Im Gegensatz dazu setzen die **weiten Fragen** bereits das Ja voraus. Die Antwort soll lediglich eine nähere Bestimmung ergeben.

„Was sagen Sie zu unserem Angebot?"
„Wie viel Mengenrabatt bekomme ich?"
„Was kann ich dir zu trinken anbieten?"
„Wann kommst du?"

In mehreren Untersuchungen konnte ich feststellen, dass die Ja-Nein-Fragen über zwei Drittel aller Fragen ausmachen. Interessanterweise liegt dies nicht am inhaltlichen Zusammenhang, in dem die Frage steht, sondern daran, dass enge Fragen grammatikalisch einfacher zu stellen sind. Denn hierbei wird lediglich die Wortreihenfolge geändert, wohingegen weite Fragen ein Fragewort erfordern.

Wenn wir „andere gewinnen" wollen, so der Untertitel dieses Buches, müssen wir uns immer wieder fragen: Welche Bilder entstehen im Kopf des anderen, durch das, was wir äußern. Eine weitere gängige Wendung aktiviert zwangsläufig negative Bilder: „Wenn nicht" bzw. „bevor nicht". Durch die Betonung des „nicht" liegt ja geradezu eine Betonung vor, es zu vermeiden.

„**Wenn** Sie **nicht** pünktlich kommen, können wir **nicht** anfangen."
„**Bevor** Sie **nicht** den noch offenen Betrag bezahlt haben, kann ich **keine** weitere Buchung vornehmen."

„**Wenn** du deinen Teller **nicht** leer isst, dann gibt es auch **keinen** Nachtisch."
„**Bevor** du **nicht** deine Schularbeiten gemacht hast, darfst du **nicht** spielen."

Erfahrungsgemäß führen derartige Sätze umgehend zu heftigem Protest. Dabei richtet sich die Ablehnung gegen die Einschränkung des Entscheidungsspielraums. Die im Nachsatz aufgezeigten negativen Folgen schränken die Freiheit des anderen direkt ein. Wer stattdessen wertschätzend dem anderen begegnen möchte, hebt dessen **Wahlfreiheit** sprachlich hervor, beispielsweise:

„**Sobald** Sie kommen, können wir anfangen."
„**Sobald** Sie den noch offenen Betrag bezahlt haben, kann ich die weitere Buchung vornehmen."
„**Sobald** du deinen Teller leer gegessen hast, gibt es Nachtisch."
„**Sobald** du deine Schularbeiten gemacht hast, darfst du spielen."

Dieses unscheinbare Wörtchen **„sobald"** erzeugt im anderen automatisch das **beabsichtigte Zielbild**. Dabei ist es wahrscheinlich, dass der andere sich aus freien Stücken „zielorientiert" verhält.

> **Sobald** Sie Ihrem Gesprächspartner seine Entscheidungsfreiheit vor Augen führen, erhält dieser die Chance sich „freiwillig" so zu verhalten, wie Sie es erreichen möchten.

Die Liste der unscheinbaren Wörter mit großer Wirkung will ich um ein weiteres Adverb ergänzen: Dabei erzeugt das „**noch**" die tollsten Effekte. Dieser kleine sprachliche Tausendsassa zielt ganz subtil auf unser Vorstellungsvermögen. Dabei wird suggeriert, dass etwas zeitlich beschränkt sei, eben eine Veränderung der momentanen Gegebenheit drohe. Prompt stellt sich ein Gefühl der Beschränkung ein, nämlich nicht mehr frei wählen zu können. Wenn wir zum Beispiel lesen, dass wir etwas **noch** zum Einführungspreis erwerben können, dann baut sich ganz von allein die Vorstellung auf, dass wir ja schön dumm wären, später mehr zu bezahlen. Wie wirksam dieses „**noch**" genutzt wird, können Sie tagtäglich in Werbung und Verkauf erleben:

„**Noch** können wir Ihnen dies zum alten Preis anbieten."
„Sie können **noch** unter einigen guten Plätzen wählen."
„**Noch** ist die Erhaltung dieses Zahnes möglich."
„Du bist **noch** gesund."
„**Noch** kannst du es schaffen."

Ganz unterschwellig stellt sich eine Vorstellung von Mangel ein. Wir werden aufgefordert, sogleich zu handeln, weil es vielleicht schon bald zu spät sein könnte.

Wer bewusst entscheiden will, kann dieses „**noch**" kritisch hinterfragen und darum bitten, den betreffenden Zeitraum bzw. die Rahmenbedingungen zu präzisieren. Anfangs klingt das vielleicht steif, führt aber rasch zu einer hilfreichen Klärung:

„**Noch** ist die Erhaltung dieses Zahnes möglich."
„Sie sagen **noch**. Welchen Zeitraum muss ich mir darunter vorstellen?"
„Aufgrund der Vorschädigung müsste der Zahn innerhalb der nächsten sechs Wochen behandelt werden, wenn begründete Aussicht bestehen soll, ihn vital zu erhalten."

Mit dieser Information können wir eine Entscheidung treffen. Doch üblicherweise wird uns das „**noch**" nicht bewusst. Darin liegt seine unterschwellige Manipulationskraft. Sie können beispielsweise die *BILD*-Zeitung aufschlagen und werden bereits auf der ersten Seite fündig. Schon die Überschriften machen aus einer Information eine Droh-Botschaft:

„**Noch** hält der Koalitionsfriede."
„Die Bush-Administration hält **noch** an ihrer Strategie fest."
„**Noch** schweigen die Terror-Websites nach der Totenkopfaffäre."
„Das befürchtete Blutbad an den Schulen ist **noch** ausgeblieben."
„**Noch** wird jegliches Mitwissen bestritten."

Erst das „**noch**" macht die Überschrift attraktiv. Ohne dieses unscheinbare Wörtchen wären die Titelzeilen nur nichtssagend, z. B. „Der Koalitionsfriede hält." Zu schön um wahr zu sein und darum auch keine Überschrift wert. Doch mit dem feinen sprachlichen Kunstgriff des „**noch**" wird die Phantasie angeregt, sich möglichst Schreckliches auszumalen. Dafür benötigt man keinerlei Belege. Die Einbildungskraft des Lesers wird das Fehlende von alleine ergänzen. Als aufmerksamer Zeitgenosse weiß man doch gleich Bescheid: Die mühsam unter der Decke gehaltenen Konflikte werden über kurz oder lang ausbrechen und der friedlichen Regierungsarbeit ein böses Ende bereiten. Jedem „normalen" Leser leuchtet sofort ein, wie bedroht der Koalitionsfriede ist. Und all dies wird mit dem völlig unscheinbaren Wörtchen „**noch**" erreicht. Dabei hat die Zeitung nie behauptet, dass sich etwas ändern werde. Es wurde lediglich etwas geschildert, dass aktuell **noch** so oder so ist.

In der Regel merken wir nicht, wie wir geschickt in eine bestimmte Richtung gelenkt werden. Bedrohungen und anstehende Veränderungen werden subtil angedeutet, um eine Argumentationsgrundlage zu bereiten. Diese ist geeignet, irgendwelche Notwendigkeiten mit Nachdruck und breiter Unterstützung zu fordern. Da kaum jemand der angeblichen Bedrohung widerspricht, können wir davon ausgehen, dass die meisten Menschen diese Vorgehensweise nicht durchschauen. Gelegentlich wird das „**noch**" verstärkt zu einem „**bislang noch**" oder wird nur durch das „**bislang**" ersetzt. Die Wirkung bleibt in allen Fällen die gleiche.

Manchmal werden wir mit etwas konfrontiert, das wir nur schwer akzeptieren, geschweige denn wiederholen wollen. Die Sorge, dadurch den geäußerten Standpunkt zu verfestigen erscheint verständlich. Auch hier hilft unser kleiner, sprachlicher Tausendsassa, das „**noch**":

„Das kommt für Sie im Moment **noch** nicht in Frage."
„Sie sind in dieser Sache **noch** unentschieden."
„Unser Angebot hat Sie bislang **noch** nicht überzeugt."
„Du möchtest **noch** etwas bleiben."
„In dieser Angelegenheit fühlst du dich **noch** gebunden."

> Sie können kontroverse Ansichten dadurch flexibel machen, indem Sie der wiederholenden Bestätigung gleichzeitig eine zeitliche Einschränkung hinzufügen.

Der Standpunkt des anderen wird nicht nur wahrgenommen, sondern durch wiederholendes Zuhören auch hörbar ernst genommen., Dadurch fühlt sich der Gesprächspartner verstanden und sagt geradezu automatisch „ja". Dieses Ja ist zugleich aber auch eine Bestätigung für die zeitliche Begrenzung seiner Position. Wer sich **„noch"** gebunden fühlt, kann durchaus im nächsten Moment zu neuen Schlüssen kommen.

„Sie sind **noch** unentschieden, sich festzulegen."

Das Zögern wird verständnisvoll angesprochen, sodass auch hier ein „Ja" aller Wahrscheinlichkeit folgt. Aber dieses „Ja" bejaht zugleich das **„noch"**. Wer **noch** unentschieden ist, kann bereits wenig später zu einer Entscheidung finden.

„Ich habe den Eindruck, Sie möchten zunächst nichts dazu sagen."

Auch hier wird sich der schweigende Gesprächspartner verstanden fühlen und entsprechend mit dem Kopf nicken oder „ja" sagen. Doch ist einem möglichen statischen Schweigen durch das unscheinbare Wort „zunächst" vorgebeugt. Wer **zunächst** nichts äußern möchte, kann bereits wenig später sehr differenziert seine Ansichten vortragen.

Folgende Auflistung mag bei der Verwendung der einschränkenden Wiederholung für Abwechslung sorgen:

- bislang
- im Moment, momentan
- jetzt
- gerade, gegenwärtig
- zurzeit, derzeit, derzeitig
- augenblicklich, im Augenblick
- heute
- am Anfang

In einem Autohaus wird ein Kunde gefragt, ob ihn die Vorführung eines Folgemodells zu seinem Wagen interessiert, doch dieser antwortet:
„Danke, aber ich bin mit meinem Auto ganz zufrieden."
„Das ist ja prima, wenn Sie **noch** zufrieden sind, dann kommt für Sie **im Augenblick** eine Probefahrt gar nicht in Frage.
„So ist es."
„Wenn Sie jetzt das Jahr so überblicken, wann hätten Sie Spaß, eine Probefahrt zu machen? Ich frage Sie das schon heute, weil ich ein-

planen könnte, Ihnen den Wagen über ein ganzes Wochenende zu überlassen."
„Ach, das ist interessant ..."

Doch unser Tausendsassa **„noch"** kommt manchmal zu früh. Stoßen Sie auf Ablehnung oder werden mit anderen Formen negativer Äußerungen konfrontiert, müssen wir den Boden für eine positive Sichtweise erst ebnen. Dazu ergänzen wir die verständnisvolle Wiederholung um eine andere **zeitliche Einschränkung.** Wir lenken dabei unseren Gesprächspartner bewusst auf die Vergangenheit durch folgenden kleinen Zusatz:

- „in der Vergangenheit ..."
- „früher ..."
- „bisher ..."

„Ich glaube nicht, dass das klappt, das kenne ich."
„Sie hatten da **früher** ganz schlechte Erfahrungen gemacht."
„Ganz genau, das möchte ich nicht noch einmal erleben."
„Dann muss ich jetzt dafür sorgen, dass Sie gute Erfahrungen sammeln."
„Und wie wollen Sie das machen?" Usw.

„Mit so einem Vorschlag machen wir uns doch lächerlich."
„**In der Vergangenheit** wurden derartige Ideen stets ausgelacht."
„Nein, bislang hat ja noch niemand so einen Entwurf vorgelegt."
„Sie sind den**noch** in Sorge, dass wir uns zum Gespött machen könnten."
„Ja, ganz genau, schließlich gilt es, unseren guten Ruf zu erhalten."
„Dann sollte der Vorschlag so formuliert sein, dass er Ihren Bedenken Rechnung trägt."
„Und wie wollen Sie das anstellen?" Usw.

„Das ist ja alles schön und gut, hilft mir aber nicht weiter."
„**Bisher** haben dich meine Anregungen nicht überzeugt."
„Stimmt, wie soll das in der Praxis klappen?
„Du suchst **noch** nach Beispielen, um dir die Umsetzung besser vorzustellen."
„Ja, das wäre gut." Usw.

Es gibt jedoch auch Gesprächspartner, die aus ihrer Grundhaltung heraus alles negieren. Selbst harmloser Smalltalk erscheint problematisch, beispielsweise
„Schönes Wetter heute, nicht wahr?"

„Ich wüsste nicht, warum ich dieses Wetter schön finden sollte."
„Das kommende Jahr hat ja viele Brückentage, richtig urlaubsfreundlich."
„Ich bin kein Freund von permanentem Urlaub, ich habe keine Schwierigkeiten auch mal längere Zeit zu arbeiten."

Wenn uns diese negative Sichtweise gegen den Strich geht, neigen wir dazu, etwas Positives dagegenzusetzen. Erfahrungsgemäß verstärkt dies aber die negative Orientierung des anderen.

Wenn Sie jedoch selbst in Negationen sprechen, mit „**nicht**", „**kein**" und „**ohne**" arbeiten, stoßen Sie plötzlich auf Zustimmung. Statt also auf die Ablehnung eines Ratschlags werbend zu reagieren, beispielsweise:

„Ich glaube nicht, dass das klappt, was soll das denn bringen?"
„Sie sollten das wirklich ausprobieren, dann werden Sie sehen, welchen Nutzen Ihnen das bringt."

Gilt es, die Ablehnung aufzugreifen:

„So ganz **ohne** positive Erfahrungen wird das wahrscheinlich gar **nicht** einfach sein, auf diesen Vorschlag einzugehen. Sie haben da **keine** Hoffnung, dass das irgend etwas bringen könnte."

Prompt entgegnet der Gesprächspartner:

„Ja, da haben Sie nicht Unrecht. Woher soll ich denn wissen, ob das wirklich hilft?"

Und schon öffnet sich der andere und spricht über seine Zweifel und versteckten Hoffnungen und das, was er sich **noch nicht** vorstellen kann.

Auf Seite 130 hatte ich ausgeführt, dass das Wörtchen „**nicht**" geradezu eine Betonung des zu Vermeidenden darstellt. Was im Zusammenhang mit „wenn nicht" gilt, ruft jedoch ein gegensätzliches Ergebnis in der Verknüpfung mit „noch nicht" hervor. Das kleine Wörtchen „**noch**" deutet eine bevorstehende Veränderung zum Negativen an. Das „**noch nicht**" bzw. das „**noch keine**" kehrt diesen Effekt um und lenkt die Aufmerksamkeit auf erstrebenswerte Veränderungen, Möglichkeiten und Chancen. Statt also den Gesprächspartner in seiner Sichtweise zu bestärken, ermöglicht uns das „**noch nicht**" einen **Perspektivenwechsel**.

„Wir haben ziemliche Probleme mit unserem knappen Zeitplan."

„Sie haben (bislang) **noch keine** eine geeignete Lösung gefunden."
„Der Kunde hat unser Angebot leider abgelehnt."
„Sie haben (momentan) **noch keinen** Weg gefunden, das Gespräch konstruktiv fortzusetzen."
„Ich halte nichts davon."
„Das erscheint Ihnen bei weitem **noch nicht** optimal."
„Das sieht hier ziemlich chaotisch aus."
„Stimmt, es ist **noch nicht** aufgeräumt."
„Die bevorstehende Prüfung lähmt mich regelrecht."
„Du kommst da **noch nicht** recht in Bewegung."

Es ist nicht nur eine Frage der Beschönigung, wenn Sie ein „Problem" in eine „Chance" oder gar „Herausforderung" umformulieren. Sie ermutigen Ihren Gesprächspartner auch, seine Aufmerksamkeit auf Potenziale und Kraftreserven zu lenken.

> Mit Ihrer Wortwahl beeinflussen Sie die Bilder, die im Kopf des anderen entstehen. Wenn Sie andere gewinnen wollen, liegt es an Ihnen, eine Sprache zu verwenden, die dem anderen positive und bekannte Bilder vermittelt.

Jeder geschickte Verkäufer weiß um die Macht der Wörter. Statt etwas als „billig" zu preisen und damit das Risiko einzugehen, dass ein Produkt mit „minderwertig" assoziiert wird, hören wir, dass etwas „günstig", „preiswert" oder „kostengünstig" sei. Ebenso wird das Wort „teuer" durch „wertvoll" ersetzt. Oder die Aufmerksamkeit wird auf ein attraktives „Preis-Leistungs-Verhältnis" gelenkt und man erfährt wie viel man „spart".

Sie können gerade überprüfen, welche Arbeitsanweisung Sie eher motiviert:

Vorgesetzter A: „Wir haben leider erhebliche Probleme bei der Akzeptanz unseres neuen Moduls. Die Markteinführung ist total verpatzt und schlecht gelaufen. Ich hoffe, Sie können in dieser verfahrenen Situation noch etwas retten."
Vorgesetzter B: „Die momentane Akzeptanz unseres neuen Moduls stellt uns vor eine echte Herausforderung. Bislang war die Markteinführung wenig zielführend und ist suboptimal gelaufen. Ich bin neugierig, welche Ideen Sie entwickeln, damit wir bald wieder zuversichtlich in die Zukunft schauen können.

Was zunächst nur wie Wortkosmetik aussieht, hat eine tiefergehende Wirkung. Die rhetorische Beschönigung beeinflusst den Hörer und die Bilder, die dieser sich macht. Aus der Politik kennen wir die Umschreibung unangenehmer Sachverhalte mit freundlichen Worten, beispielsweise:

| | |
|---|---|
| Folter | alternative Verhörmethoden |
| Aufrüstung | Friedenssicherung |
| Vorwärtsverteidigung | Angriffskrieg |
| Rückzug | Frontanpassung |
| Entlassungen | Personalstandsbereinigung |
| entlassen | freistellen, freisetzen |
| Verlust | negativer Gewinn |
| arbeitslos | ohne Stellung |
| erpressen | Entscheidungshilfe geben |
| Verlustankündigung (an der Börse) | Gewinnwarnung |
| Einwanderer | Menschen mit Migrationshintergrund |
| Abschiebung | aufenthaltsbeendende Maßnahmen |
| ausgelaufenes Öl auf dem Meer | Ölteppich |
| Atommüllendlager | Entsorgungspark |
| Irrenanstalt, Psychiatrie | Landeskrankenhaus |
| Schlachtabfälle | Separatorenfleisch |
| Vergewaltigung | sexueller Übergriff |
| Preiserhöhung | Preisanpassung |

Es geht jedoch nicht nur darum, schlechte Nachrichten etwas hübscher zu verpacken. Wer vermeiden will, einem Sachverhalt unabsichtlich einen negativen Beigeschmack zu verpassen, wird sich die folgende Liste genau anschauen:

| | |
|---|---|
| Schwierigkeit | Herausforderung |
| Schwierigkeiten haben | eine längere Anlaufzeit benötigen |
| Problem | kritische Situation |
| falsch | fragwürdig, unwahr |
| das ist falsch | das würde ich so nicht sagen |
| schlecht | suboptimal |
| kompliziert | anspruchsvoll |
| Komplikation | Möglichkeit, Entwicklung, Chance |
| zeitraubend | zeitintensiv |
| verschwenderisch | großzügig |
| altmodisch | konservativ |
| ungerecht | einseitig, befangen |
| nichtssagend | neutral |
| langweilig | nüchtern, trocken, zurückhaltend |
| kritisieren | Rückmeldung geben |
| dick | stärkere Figur, gut gebaut |
| dünn | zierlich, schlank |
| klein und dick | untersetzt |
| hässlich | unvorteilhaft |
| es stinkt | strenger Geruch |
| arm | unterprivilegiert, wirtschaftlich schwach |
| dumm, ungebildet | bildungsfern |

Diese kleine Liste können Sie spielerisch unbegrenzt fortsetzen. Vielleicht werden Sie bei mancher „Übersetzung" ins Schmunzeln kommen, wenn Sie beispielsweise das Wort „unverständlich" gegen „tiefsinnig" eintauschen. Bei anderen Wörtern liegt es nahe, fortan das belastende „sich bemühen", „sich anstrengen", „sich plagen" durch das positive „sich einsetzen" oder „sich engagieren" zu ersetzen.

# 10. Zielklarheit

Bei aller Wertschätzung unseres Gesprächspartners wollen wir jedoch unsere eigenen Ziele nicht aus den Augen verlieren. Darum erfahren Sie in diesem letzten Kapitel, welchen Einfluss die eigene Zielklarheit auf den Gesprächsverlauf und auf das Ergebnis hat. Ich zeige Ihnen, mit welchen einfachen sprachlichen Mitteln Sie Ihre Ziele wirksam formulieren können. Sie lernen den Einfluss eines positiven Zielbilds auf die Körpersprache kennen. Schließlich erfahren Sie, wie Sie sich in einen Zustand bringen können, bei dem Ihr Gehirn Glückshormone produziert.

Sie erinnern sich an die Gewinnformel aus dem 1. Kapitel:

**E = Z × O**
Dabei stand E für Erfolg, Z für die eigene Zielklarheit und O für die Orientierung am Gegenüber.

Der Faktor Orientierung am anderen mag noch so ausgeprägt sein, wenn der Faktor Zielklarheit nicht ebenso ausgeprägt ist, wird das Produkt aus beiden Faktoren unbefriedigend klein ausfallen.

Auf Seite 72 habe ich die Negationen durch „Nein", „nicht", „kein" und „ohne" behandelt und gezeigt, dass es keine negativen Bilder gibt. Und doch ist die negative Sprechweise der Normalfall. Vielleicht bestätigen Sie meine Beobachtung, dass viele Menschen eher angeben können, was sie **nicht** wollen, als zu beschreiben, was sie tatsächlich wollen. Wie sehr wir gewohnt sind, unsere Ziele negativ zu formulieren, können Sie jederzeit überprüfen: Fragen Sie irgendeinen Gesprächspartner, was er in seinem Leben ändern würde, wenn er drei Wünsche frei hätte, oder im Lotto gewinnen würde.

„Ich würde **aufhören** zu arbeiten."
„Dann würde ich **nicht** länger bei meinen Eltern wohnen."
„Am besten würde es mir bekommen, **weniger** zu rauchen, **weniger** zu trinken und überhaupt mich **weniger** zu stressen."

„Das wäre ja super! Ein Leben **ohne** Chef und den ganzen Büroärger."
„Es ist zwar zweck**los**, mir das vorzustellen, aber in jedem Fall würde ich mich **un**abhängig machen und meine **Un**selbständigkeit **beenden**."

Mir fällt auf, wie leicht uns bei Zielformulierungen die Abgrenzung über das Negative fällt. Dafür stehen uns drei Techniken zur Verfügung. Zum einen die erwähnten Verneinungen

- **ohne**, **kein** und **nicht** sowie **weniger**;

zum anderen die verneinenden Tätigkeitswörter, wie z.B.:

- verbieten, verhindern, verwehren, verweigern, vermeiden, unterbinden, unterbleiben, unterlassen, untersagen, aufhören, lassen, ablassen, ablehnen, abwenden, beenden.

Schließlich helfen uns die verneinenden Vor- und Nachsilben. Die kleine **Vorsilbe „un-"** ist im Deutschen ein beliebtes Werkzeug zur Bildung von Negationen sowohl bei Substantiven als auch bei Adjektiven:

- Un-abhängigkeit Un-verständlichkeit, Un-gebundenheit, Unklarheit, Un-bestimmtheit, Un-gewissheit;
- un-erschwinglich, un-fähig, un-fehlbar, un-geeignet, un-genau, un-tadelig, un-zufrieden, un-zuverlässig;
- manche dieser Wörter treten sogar nur in der verneinten Form auf, wie un-verkennbar, un-erforschlich oder un-liebsam.

Bei den **Nachsilben „-los"** und **„-frei"** gibt es einen interessanten Unterschied. Prinzipiell drücken sie dasselbe aus: die Abwesenheit einer Sache. So enthält etwa ein phosphatfreies Waschmittel keine Phosphate, und ein zahnloser Greis hat keine Zähne. Zumindest würden wir über „phosphatlos" oder „zahnfrei" stolpern. Und doch gibt es einen wesentlichen Unterschied. Denn alles was „-frei" ist, drückt etwas Positives aus:

- bleifrei, hitzefrei, schmerzfrei, wartungsfrei.

Etwas „-los-es" dagegen ist negativ:

- arbeits-los, mittel-los, obdach-los, treu-los, ziel-los, zweck-los, ehr-los, makel-los, naht-los, pausen-los, sinn-los, ahnungs-los..

Doch wie lassen sich wünschenswerte Ziele formulieren? Dafür benötigen wir Wörter, die wir uns vorstellen können. Viele zusammengesetzte Wörter brauchen lediglich von ihrer Vor- oder Nachsilbe befreit zu werden, und schon klingt Ihre Verwendung positiv:

„Es ist mir **un**angenehm, wenn wir zu spät kommen."
„Es ist mir angenehm, wenn wir pünktlich sind."
„So ziel**los** zu beginnen, macht keinen Sinn."
„Gezielt zu beginnen, macht Sinn."
„Das Schlimmste in einer Partnerschaft ist Treu**los**igkeit."
„Das Beste in einer Partnerschaft ist Treue.

Solange sich eine Mitteilung auf das Negative konzentriert, entsteht kein Bild vom Ziel. Wo die **Zielvorstellung fehlt**, besteht die Gefahr, dass der momentane Zustand beibehalten wird.

„Können Sie bitte in Zukunft **verhindern**, dass Ihre Mitarbeiter Terminzusagen machen, die mit der Produktion **nicht** abgestimmt sind."
Besser wäre: „Ich möchte für die Zukunft erreichen, dass Ihre Mitarbeiter nur Zusagen machen, die mit der Produktion abgestimmt sind."
„Ich **verbiete** dir, mein Werkzeug zu benutzen."
Warum nicht: „Bitte benutze künftig ausschließlich dein eigenes Werkzeug."
„**Hör** doch mit dem Krach **auf**!"
Eine mögliche Zielvorstellung lautet: „Stell bitte deine Musik auf Zimmerlautstärke!"

Jeder Sachverhalt kann von ganz positiv bis ganz negativ bewertet werden. Es hängt von der Sichtweise ab. Ein geradezu philosophisch wirkender Merksatz stammt von *William Shakespeare*:

„An sich ist kein Ding weder gut noch schlecht, allein das Denken macht es erst dazu."

Nicht nur im Gespräch mit anderen tauchen die negativen Formulierungen gehäuft auf. Auch im Selbstgespräch und dem Festlegen der eigenen Ziele führen die Negationen regelmäßig in die Irre. Teilt uns jemand mit, was er nicht leisten kann und was nicht geht, sind wir auf dem Weg zum Ziel keinen Schritt weiter. Wenn sich unser Gesprächspartner lediglich vergegenwärtigt, was er nicht kann und nicht will, verpasst er, Chancen zu nutzen, die möglich gewesen wären. Die folgenden Beispiele zeigen, wie einfach es ist, negative Ziele **in positive Ziele umzuformulieren**:

| | |
|---|---|
| „Ich möchte auf keinen Fall die Abteilung leiten." | „Ich möchte gern weiterhin Spezialaufgaben bearbeiten." |
| „Das schaffe ich nicht." | „Davon schaffe ich lediglich die Hälfte." |
| „Ich darf mich nicht aufregen." | „Ich will ruhig bleiben." |
| „Ich werde weniger arbeiten." | „Ich beginne um 17 Uhr meine Freizeit." |
| „Ich höre auf, mich gegenüber meinem Partner kritisch zu äußern." | „Ich fange an, mich gegenüber meinem Partner positiv zu äußern." |

> Erst wer weiß, was er wirklich will, kann Mittel und Wege finden, um dies zu erreichen.

Wer im Gespräch etwas erreichen möchte, verfolgt ein Ziel. Doch sehr häufig werden **Ziel** und der **Weg zum Ziel** miteinander verwechselt. Oft wird über unterschiedliche Vorgehensweisen erbittert gestritten, als ginge es um gegensätzliche Zielvorstellungen. Wer jedoch die Methode mit dem Ziel verwechselt, übersieht mögliche Gemeinsamkeiten. Es lohnt sich, in der Vorbereitung gründlich über die eigenen Ziele nachzudenken. Sie bestimmen nicht nur das Ergebnis mit, sondern beeinflussen auch das Gesprächsklima. Folgendes Beispiel mag dies verdeutlichen:

Mitarbeiter Schwarz möchte erreichen, dass für die Abteilung eine neue Software angeschafft wird. Er verspricht sich davon eine enorme Arbeitserleichterung. Auf der Abteilungsbesprechung äußert er: „Ich schlage vor, dass wir die Software ‚Personata' von ‚Powersoft' anschaffen. Damit könnten wir unsere Datenverwaltung erheblich verbessern."
Prompt entgegnet sein Kollege Weiß: „Also, da gibt es ja nun echt was Besseres: ‚Micropoint' hat doch ‚Vision 3000' damit würde unsere Effektivität wirklich gesteigert."
Bereits an dieser frühen Stelle der Auseinandersetzung fühlt sich der Kollege Schwarz angegriffen. Er verteidigt seinen Vorschlag:

„Aber mit ‚Personata' hätten wir überhaupt keine Kompatibilitätsprobleme, es lässt sich problemlos integrieren und hält sich von den Anschaffungskosten in Grenzen."
Schwarz übersieht bei dieser Argumentation, dass er nicht nur für seinen Vorschlag wirbt, sondern zugleich auch gegen den Vorschlag des Kollegen eifert. Weil dieser sich nun seinerseits angegriffen fühlt, kontert er:
„Seit wann kann man Software von ‚Powersoft' problemlos integrieren, dass ich nicht lache. Wer hier spart, kann auch gleich wieder zum Bleistift und Rechenschieber greifen." Usw.

An diesem kurzen Dialog fällt auf, dass jeder der Beteiligten für sich eine klare Vorstellung hat. Doch diese ist der Methode und nicht dem Ziel verpflichtet. Hätte sich Mitarbeiter Schwarz vorab überlegt, wozu er diese Software anschaffen möchte, wäre als Ziel vielleicht Arbeitsentlastung entstanden. Bei einer gründlichen Vorbereitung führt dieser Gedanke sogleich weiter: Weil ‚Arbeitsentlastung' keinen Selbstzweck darstellt, fragt er sich, was dadurch gewonnen wäre und findet womöglich die Antwort: Wir könnten die Bearbeitungszeit für bestimmte Vorgänge halbieren, was nicht nur kundenfreundlich wäre, sondern uns vom Wettbewerb positiv abhebt. Hätte Kollege Schwarz sein Ziel gründlich vorbereitet, hätte er den Hinweis des Kollegen Weiß auf eine andere Variante als methodische Anregung aufnehmen können. So könnte er erkennen, dass sie sich im Grundsatz bereits einig sind: Nämlich die Effektivität durch eine andere Software zu steigern.

Es gilt, das **Ziel hinter dem Ziel** zu erkennen und genau zwischen Ziel und Methode zu unterscheiden. Wer so vorgeht, hat einen größeren Verhandlungsspielraum. Außerdem erfasst er messerscharf, wo sein Gesprächspartner unklare Zielvorstellungen hat, bzw. wo Weg und Ziel durcheinander gebracht werden.

Folgende Fragen können Ihnen zur Gewohnheit werden:

- Wo führt das letztendlich hin?
- Was ändert sich?
- Was ergibt sich daraus?
- Welchen Nutzen versprechen Sie sich davon?

- Gibt es noch weitere Vorteile?
- Welche Ziele werden damit auch erreicht?

Die gründliche Auseinandersetzung mit den eigenen Zielen ist wichtig. Sonst wird ein Ergebnis erzielt, dass sich zwar oberflächlich mit dem Ziel deckt, dennoch keine Zufriedenheit auslöst.

Bei einer Gehaltsverhandlung reicht es bei weitem nicht aus, lediglich die Gehaltserhöhung als Ziel zu formulieren. Ein verhandlungsgeschickter Vorgesetzter wird vielleicht willig darauf eingehen, jedoch den Zeitpunkt der Erhöhung um etliche Monate nach hinten verschieben. Oder er wird zwar einer sofortigen, letztlich aber minimalen Erhöhung zustimmen.

Um den eigenen Spielraum optimal zu nutzen, bedarf es auch bei diesem Beispiel einer gewissenhaften Prüfung des **eigentlichen Ziels**. Bei dem einen geht es beispielsweise um Prestigegewinn: Der zukünftige Schwiegervater soll durch eine Gehaltserhöhung beeindruckt werden, bei einem anderen dient die erhoffte Gehaltserhöhung der Anschaffung eines größeren Autos, weil Nachwuchs erwartet wird.

Wer sich bewusst ist, dass es ihm darum geht, seinen Schwiegervater zu beeindrucken, kann sich in der Verhandlung leichter mit alternativen Lösungsmöglichkeiten auseinandersetzen. Es gibt ja sehr viel mehr Möglichkeiten des sichtbaren Prestigegewinns, als ausgerechnet eine Gehaltserhöhung.

Wem im anderen Beispiel klar ist, dass die Gehaltserhöhung der Lösung eines anstehenden Transportproblems dienen soll, kann ebenfalls ganz andere Vorschläge reflektieren. Das „Auto-Problem" lässt sich ja auch lösen, ohne dass sich am Gehalt etwas ändern muss.

Es lohnt sich, in der Vorbereitung die eigenen Ziele schriftlich festzulegen:

- Was will ich erreichen?
- Mit welchem Ergebnis wäre ich auch zufrieden?
- Welches Interesse habe ich am Ergebnis?
- Welchen langfristigen Nutzen verspreche ich mir?
- Welche Nebenziele strebe ich zusätzlich an?
- Mit welchem Gefühl möchte ich aus dem Gespräch gehen?
- Wie soll sich die andere Seite fühlen?

Im Kapitel 3 ging es darum, die **Körpersprache** unseres Gesprächspartners zu nutzen. Nun beeinflusst Körpersprache nicht nur den Gesprächspartner, sondern auch den, der spricht bzw. handelt. Die Körpersprache hat eine **autosuggestive Wirkung** auf das eigene Befinden. Die Signale, die wir senden, empfangen nicht nur andere, wir selbst nehmen sie zuerst wahr und reagieren auch darauf. Nehmen Sie eine positive, offene körperliche Haltung ein, so werden auch Ihre Gefühle und Ihre geistige Haltung davon positiv beeinflusst. Umgekehrt drückt Sie eine geknickte Haltung stimmungsmäßig nieder. Viele nehmen - sicherlich unreflektiert - eine gebeugte Haltung ein, wenn sie mit einem sie belastenden Problem bei ihrem Vorgesetzten anklopfen.

Dieser Gedanke ist insoweit unangenehm, als wir immer die Verantwortung für unseren Auftritt haben. Da die Gestaltung unseres jeweiligen Auftritts im Kopf vorweggenommen wird, lohnt es, an einem Beispiel die autosuggestive Wirkung von Körpersprache zu analysieren.

Da gerät jemand auf dem Weg zu einer wichtigen Präsentation in einen Stau. Sein Blick fällt auf die dahinrinnende Zeit und unversehens befindet er sich in einem Selbstgespräch:

„Ich hätte zeitiger aufbrechen sollen. Ich bin wirklich ein Idiot. Ich komme in jedem Fall zu spät. Zu blöd aber auch. Womöglich fangen die schon ohne mich an. Das sieht denen ähnlich. Ich sehe schon das fiese Grinsen von den Leuten vom Wettbewerb, wenn ich völlig abgehetzt den Raum betrete. Meine Präsentation ist sowieso nicht der Knaller. Ist ja auch klar, wie soll man in vierzehn Tagen etwas Gescheites entwickeln. Die Blamage ist doch schon programmiert. Oh wäre es doch bloß schon 16 Uhr, dann hätte ich es hinter mir und könnte getrost nach Hause fahren." Usw.

Nach dieser katastrophalen Einstimmung, fällt es leicht, sich auszumalen, wie der Auftritt tatsächlich ausfällt.

Dieses Selbstgespräch wird im Konzept der **Emotionalen Intelligenz** als Ausdruck eines unreifen Umgangs mit den eigenen Gefühlen aufgefasst. Danach führen die Gefühle ein Eigenleben, denen der Betroffene ausgeliefert ist, weil er kaum Einfluss darauf hat. Man spricht von einer hohen emotionalen Qualität, wenn Menschen ihre Gefühle nicht nur wahrnehmen, sondern auch steuern. Wenn ich das begonnene Selbstgespräch emotional intelligent fortspinne, könnte sich das so anhören:

„Ich merke gerade, wie ich mich in eine schlechte Verfassung bringe. Irgendwie habe ich vor dieser Präsentation Angst und würde mich am liebsten drücken. Es ist klar, dass mir unbehaglich zumute ist. Wie groß ist die Wahrscheinlichkeit, dass die anderen in der Kürze der Zeit eine weitaus bessere Präsentation entwickelt haben? Am besten rufe ich an und teile mit, wo ich gerade stehe. Dann kann ich entscheiden, was ich als nächstes unternehme."

Zugegeben, das ist arg idealtypisch skizziert. Sie können jedoch nachvollziehen, dass der Zustand von Stress und Ohnmacht nach dem zweiten Gespräch ganz anders ausfällt. Das führt auch zu einem völlig anderen Auftritt.

Die innere Vorstellung – das **was** wir uns vorstellen und **wie** wir es uns vorstellen – wirkt wie ein Programm. Bringen wir uns in einen hilflosen Zustand, fallen unsere Handlungen entsprechend aus. Es klingt grotesk: Wir fühlen uns von dem eintretenden, niederschmetternden Ergebnis nicht nur nicht überrascht, sondern setzen das Selbstgespräch geradezu rechthaberisch fort: „Ich wusste doch, dass das so kommen musste."

In Kapitel 6 habe ich erklärt, dass Menschen stets das Bedürfnis haben, sich ihre Bilder zu bestätigen und auch bestätigen zu lassen. Das gibt ihnen Sicherheit.

Wir können jedoch unsere Bilder ändern. Wenn negative und schwächende Bilder einen schlechten Auftritt bescheren, liegt es nahe, sich Bilder auszumalen, die in einen starken und selbstbewussten Zustand versetzen. Dazu rufen wir uns etwas ins Gedächtnis, bei dem wir uns gut fühlen. Die Aufmerksamkeit wird direkt vom Schwächenden auf das Stärkende gelenkt. Das Selbstgespräch könnte dann so fortlaufen:

„Es wäre schon gut, wenn ich spitzenmäßig präsentiere und den Auftrag bekomme. Wann ist mir denn so etwas schon einmal gelungen? Das ist noch gar nicht so lange her, da bin ich für den Kollegen Bauer eingesprungen, da war ich einfach unübertroffen. Da hatte ich auch gar keine Zeit, mir Sorgen zu machen. Im Gegenteil: Da war ich so in der Materie, dass der Kunde anschließend sagte, ich sei ja das reinste Feuerwerk. Es wäre ein Genuss gewesen, mir zuzusehen. Und das stimmt, ich kann jetzt noch fühlen, wie aufgeladen und elektrisiert ich da war. Ich höre mich noch, wie ich die Leute mit ganz wenigen, leisen Worten in meinen Bann gezogen habe. Ja ich sehe mich noch, jeden einzelnen in der Runde ruhig angelächelt zu haben. Wenn ich mir das alles so ins Gedächtnis rufe, dann fühle ich mich rundherum gut. Irgendwie freue ich mich schon auf die Präsentation nachher."

Auch wenn es übertrieben klingen mag: Die Wirksamkeit dieses Vorgehens liegt darin, die inneren Bilder in mehreren **Sinneskanälen** hervorzurufen, hier also **hören, sehen und fühlen**. Wenn Sie sich ein Erfolgserlebnis ins Gedächtnis rufen, kann dieses in Belastungssituationen wie ein Anker wirken. Um sich so genau wie möglich zu erinnern, benutzen Sie möglichst alle fünf Wahrnehmungskanäle.

- Wie sah die Situation aus?
- Was konnten Sie hören?
- Wie fühlte sich das an?
- Erinnern Sie sich noch an einen bestimmten Geruch?
- Ist die Situation mit einem bestimmten Geschmack verbunden?

> Sie können lernen, sich Erfolgserlebnisse bewusst zu machen. Wann immer Sie es wollen, können Sie sich die positiven Begleiterscheinungen dieses stärkenden Zustandes aufrufen.

Nebenbei verursacht das Erlebnis des Erfolgs einen Glückszustand, den sogenannten „**Flow**", bei dem körpereigene Glückshormone im Gehirn ausgeschüttet werden. Diesen „Flow" sollten Sie sich so oft wie möglich gönnen.

Bei jedem Ereignis können Sie Ihre Aufmerksamkeit auf eine Fülle verschiedener Aspekte richten. Selbst der erfolgreichste Mensch kann sich vorstellen, wie etwas nicht funktioniert. Auch erfolgreiche Menschen können sich in einen Zustand der Depression, der Frustration und des Zorns versetzen. Er kann jedoch seine Aufmerksamkeit auch auf die Dinge in seinem Leben richten, die gut funktionieren. Ganz gleich wie schrecklich eine Situation auch ist, Sie können sie immer in einer Weise erscheinen lassen, dass diese Ihnen Kraft gibt. Eine besonders wirksame Möglichkeit besteht darin, **sich bereits vorzustellen, wie Sie Ihr Ziel erreichen**. Stellen Sie sich vor, wie glücklich und zufrieden Sie sein werden, sobald Sie Ihr Ziel erreicht haben.

Das mag sich jetzt höchst idealistisch anhören, so als ob man sich nur in einen starken Zustand versetzen müsse und schon stellt sich der Erfolg automatisch ein. Das wäre zu einfach. Auch Menschen mit großen Energiereserven haben Misserfolge. Der Unterschied ist, dass diese immer wieder neu anfangen und genug Reserven mobilisieren können, um schließlich Erfolg zu haben. In diesem Zusammenhang wird gern *Thomas Edison* angeführt, der an die 1.000 Versuche benötigte, um die Glühbirne zu erfinden. Hätte er früher aufgegeben, säßen wir vielleicht immer noch bei Kerzenschein. Auch einer der bedeutendsten Präsidenten der Vereinigten Staaten, *Abraham Lincoln* musste bis zu seinem 60. Lebensjahr zahllose Niederlagen einstecken, bis er zum Präsidenten gewählt wurde. Hätte er aufgehört, daran zu glauben, am Ende doch Erfolg zu haben, hätte wohl ein anderer die Geschichte der Vereinigten Staaten geprägt.

Es gibt noch einen weiteren Vorteil, sich seinen Gesprächsauftritt im wahrsten Sinne des Wortes **positiv auszumalen**. Wir bringen dadurch unseren gesamten Körper in den Dienst unseres Zieles und vermeiden unabsichtliche Fehlleistungen. Bei einer guten Vorbereitung stellen wir uns so genau wie möglich vor, wie wir uns verhalten wollen. Wir entwerfen einen detaillierten Ablauf unseres Auftritts.

Machen Sie sich zum Beispiel klar, wie wichtig es ist, seine Gesprächspartner persönlich zu begrüßen und ihnen dabei in die Augen zu schauen. Das wird Ihnen helfen, nicht aus Versehen Ihren Blick auf den nächsten zu richten, während Ihre Hand noch beim Vorangegangenen weilt.

Ebenso kann es Ihnen helfen, sich zu vergegenwärtigen, dass Ihre Ausführungen auch Widerspruch erregen können. Darum sehen Sie sich schon in Ihrer Phantasie, wie Sie sich Notizen machen und wertschätzend zuhören.

Ohne eine konkrete Zielsetzung überlassen wir unseren Erfolg dem Zufall. Das gilt für unsere großen Lebensziele genauso wie auch für Ziele in jedem einzelnen Gespräch, das wir führen. Wenn Sie sich gut vorbereitet haben, kennen Sie Ihre Ziele, die Sie auch während des gesamten Gesprächs vor Augen haben.

| Klare Ziele ermöglichen ein frühzeitiges Handeln. |
|---|

Ziele wirken wie ein Kompass, der uns auch in schwierigen Situationen hilft, den richtigen Weg einzuschlagen. Nur wenn Sie Ihre Ziele die ganze Zeit über im Blick haben, können Sie sofort eingreifen, sollte sich die Situation im Sinne Ihrer Ziele ungünstig entwickeln. Deswegen sollten Sie sich das gesamte Gespräch über immer wieder fragen: Was wollten Sie eigentlich erreichen und nähern Sie sich mit dem, was Sie tun, Ihren Zielen oder bewegen Sie sich vielleicht eher davon weg.

Klare Ziele erlauben es Ihnen, sich auf das Wesentliche zu konzentrieren. – Eine starke Fokussierung auf das von Ihnen gewünschte Ergebnis hält Sie auch davon ab, sich zu sehr auf Nebenschauplätzen zu bewegen. Es hilft Ihnen, Ihre Gesprächspartner konsequent immer wieder zurück zum eigentlichen Thema zu bringen.

Schließlich planen Sie konkrete Schritte auf dem Weg zu Ihrem Ziel: Dem Erfolg. Weil Sie wissen, dass das Wort „Versuch" bereits die Möglichkeit enthält, dass der Plan nicht funktioniert, werden Sie in Ihrer Wortwahl streng: Niemals **versuchen** Sie, Ihre Ziele zu erreichen, sondern Sie **planen** die einzelnen Schritte zum Ziel fest ein. Dadurch wird nicht nur Ihre Sprache klar, auch der Weg zum Ziel klärt sich. Oder mit einem Wortspiel ausgedrückt: Ihr Erfolg ist das, was folgt, wenn Sie sich selber folgen.

## Nachwort

Ich bin mir bewusst, dass ich vieles in diesem Buch sehr ideal geschildert habe. Mancher hält Ideale für weltfremd und naiv und tut sie darum ab. Betrachten wir Ideale aber als Leitbilder, so zeigen sie die angestrebte Richtung unseres Denkens und Wünschens auf.

Viele unserer Verhaltensweisen gehören zur alltäglichen Routine. So kommen wir nur selten auf die Idee, uns anders als gewohnt zu verhalten und aus der breiten Palette von Möglichkeiten zu wählen. Manches von dem, was Sie hier gelesen haben, mag Sie überrascht haben. Es war neu und unvertraut. Die zehn Kapitel sind ein Angebot, sich Ihrer Möglichkeiten bewusst zu werden, die Sie im Umgang mit anderen haben. Dabei können Sie sowohl Ihre rationalen als auch Ihre emotionalen Fähigkeiten nutzen.

Die Empfehlungen, die ich Ihnen hier gegeben habe, sind durch praktische Erfahrungen und wissenschaftliche Untersuchungen gewonnen. Sie spiegeln meine persönlichen Wertvorstellungen wider. Doch was für mich stimmig ist und als Leitlinie dient, um die Herausforderungen im Umgang mit anderen Menschen zu meistern, muss für Sie noch lange kein Maßstab sein. Expertenwissen wird nur allzu oft kritiklos übernommen. Darum habe ich in diesem Buch ganz bewusst darauf verzichtet, meine Aussagen mit wissenschaftlichen Autoritäten zu untermauern. Was nützen Untersuchungsergebnisse, wenn Ihnen meine Aussagen nicht plausibel sind?

Meine Anregungen und Überlegungen beruhen auf der Grundüberzeugung: Nur der wertschätzende Umgang mit anderen macht mich auf Dauer zufrieden sichert mir langfristig Erfolg. Dauerhaft erfolgreich wird der sein, der seinem jeweiligen Gesprächspartner die Gelegenheit gibt, zusammen mit ihm zu gewinnen.

Sie allein entscheiden letztlich darüber, was und wie viel Sie davon übernehmen.

Wer mehr erfahren möchte und neugierig geworden ist, das hier Gelesene vertiefend zu üben, dem empfehle ich die „Professionelle Gesprächsführung“. Dort werden nicht nur die theoretischen Modelle erklärt, die meinen Überlegungen zugrunde liegen, sie finden dort auch eine Vielzahl von Übungen. Weil es sich um ein Selbstlernmaterial handelt, können Sie Ihre Übungsantworten mit meinen Vorschlägen vergleichen.

## Sachverzeichnis

Fett hervorgehobene Seitenzahlen
kennzeichnen die wichtigsten Fundstellen.

## Buchanzeigen

# BERUF UND SOZIALES · Bescheid wissen ist wichtig

## Der Start in den Beruf

*Hugo-Becker*

**Der Test zur Berufswahl**

Meine Motive, Vorlieben und Stärken.
Der Test zeigt, wo Stärken, Schwächen und Vorlieben liegen. Die Ergebnisse helfen, Fehler bei der Berufswahl zu vermeiden.

1. Aufl. 2005. 250 S.
€ 9,50. dtv 50884

*Nasemann*

**Richtig bewerben**

Praktische Hinweise für die Stellensuche, Inhalt und Form der Bewerbung, alle Rechtsfragen zu Vorstellungsgespräch und Einstellungstest.

6. Aufl. 2007. 164 S. §
€ 8,–. dtv 50608

*Göpfert*

**Aktiv bewerben**

Tipps für die Stellensuche, Bewerbung und Vorstellung. Anschauliche Beschreibungen und Beispiele, Formulierungsvorschläge und praxisnahe Tipps helfen, ein individuelles Bewerbungskonzept zu entwickeln und in allen Phasen der Bewerbung überzeugend zu argumentieren.

1. Aufl. 2006. 185 S.
€ 9,50. dtv 50896

*Hell*

**Assessment Center**

Souverän agieren – gekonnt überzeugen.
Der Band beantwortet alle Fragen rund um ein Assessment Center: Erwartungen, Abläufe, mögliche und auch

»inoffizielle« Übungen, Beurteilung. Mit praktischen Tipps und Übungsbeispielen.

1. Aufl. 2006. 181 S.
€ 9,50. dtv 50892

*Reinker*

**Das Job-Lexikon**

Erste Hilfe für den Berufsstart.
Eine Fülle von Informationen, praktischen Tipps und Denkanstößen, garniert mit witzigen Beispielen aus dem Berufsalltag.

1. Aufl. 2004. 768 S. €
€ 19,50. dtv 50878

*Aus den Pressestimmen:*

*»Besonders schön: der Mix aus seriöser Information und witzigen Beispielen aus dem Berufsalltag.«*
Young Miss

*»Die wichtigsten Finten und fiesesten Fettnäpfchen für Berufseinsteiger.«*
SPIEGEL online

*»750 Seiten voller Tipps, Infos und Denkanstöße – was soll da noch passieren.«*
Berliner Morgenpost

P147780-S21

## Beruf und Karriere

*Hofmann/Linneweh/Streich*

**Erfolgsfaktor Persönlichkeit**

Managementerfolg durch Leistungsfähigkeit und Motivation.
Positiver Umgang mit Anforderungen im beruflichen und privaten Umfeld, Selbstreflexion, Möglichkeiten zur Bewältigung von als stresshaft erlebten Situationen – hier finden Führungskräfte einen fundierten Überblick über Ansatzmöglichkeiten zur Erreichung einer befriedigenden Work-Life-Balance.

1. Aufl. 2006. 387 S. €
€ 14,50. dtv 50904

*Cassens*

**Work-Life-Balance**

Wie Sie Ihr Berufs- und Privatleben in Einklang bringen. Möglichkeiten für ein System zur erfolgreichen Bewältigung Ihrer individuellen Aufgaben und zur Vermeidung von Zivilisationskrankheiten.

1. Aufl. 2003. 214 S. €
€ 9,50. dtv 50872

*Knieß*

**Kreativitätstechniken**

Methoden und Übungen.
Kreativität ist der Schlüssel zum Erfolg. Neben einem Überblick über Methoden und Einsatz gibt es in einem umfangreichen Praxisteil Beispiele und Übungsaufgaben, die konkret helfen, das kreative Verhalten zu fördern.

1. Aufl. 2006. 268 S.
€ 9,50. dtv 50906

*Fuchs-Brüninghoff/Gröner*

**Zusammenarbeit erfolgreich gestalten**

Eine Anleitung mit Praxisbeispielen.

1. Aufl. 1999. 203 S. €
€ 9,15. dtv 50834

*Hugo-Becker/Becker*

**Motivation**

Neue Wege zum Erfolg.

1. Aufl. 1997. 419 S. €
€ 10,17. dtv 5896

*Haug*

**Erfolgreich im Team**

Praxisnahe Anregungen für effiziente Team- und Projektarbeit.
Mit Diagnose von Erfolgsfaktoren und konkreten Hilfestellungen.

3. Aufl. 2003. 187 S. €
€ 9,–. dtv 5842

*Bender*

**Teamentwicklung**

Der effektive Weg zum »Wir«. Systematische Führung durch die Phasen der Teamentwicklung mit Anleitung für effiziente Teamleitung.

1. Aufl. 2002. 284 S. €
€ 12,50. dtv 50858

## Beruf und Karriere

*Femppel/Zander*
**Praxis der Personalführung**
Was Sie tun und lassen sollten. Das Was und Wie der Personalführung, 99 Tipps, Fallbeispiele, Führungsgrundsätze.

2. Aufl. 2007. Rd. 140 S. €
Ca. € 9,50. dtv 50841
In Vorbereitung für Herbst 2007

*Hugo-Becker/Becker*
**Psychologisches Konfliktmanagement**
Menschenkenntnis – Konfliktfähigkeit – Kooperation.

4. Aufl. 2004. 418 S. €
€ 13,–. dtv 5829

*Drzyzga*
**Personalgespräche richtig führen**
Ein Kommunikationsleitfaden. Der rasche Überblick über die fachlichen und psychologischen Faktoren des Gesprächs mit Mitarbeitern.

1. Aufl. 2000. 148 S. €
€ 8,64. dtv 50840

*Stender-Monhemius*
**Schlüsselqualifikationen**
Zielplanung, Zeitmanagement, Kommunikation, Kreativität.

1. Aufl. 2006. 163 S. €
€ 9,50. dtv 50910

*Mentzel*
**Personalentwicklung**
Erfolgreich motivieren, fördern und weiterbilden. Bedarfsfeststellung, Planung und Durchführung der Förder- und Bildungsmaßnahmen, Kosten- und Erfolgskontrolle.

2. Aufl. 2005. 318 S. €
€ 10,–. dtv 50854

*Zander/Femppel*
**Praxis der Mitarbeiter-Information**
Effektiv integrieren und motivieren. Motivation von Mitarbeitern mit gezielter und empfängerorientierter Information.

1. Aufl. 2002. 103 S. €
€ 8,50. dtv 50860

*Weisbach*
**Professionelle Gesprächsführung**
Ein praxisnahes Lese- und Übungsbuch.
Wie das Gespräch als Mittel der Führung zweckmäßig, zielorientiert und rationell genutzt werden kann.

6. Aufl. 2003. 494 S. €
€ 12,–. dtv 5845

*Weisbach/Sonne-Neubacher*
**Leadership in Professional Conversation**
Translation of »Professionelle Gesprächsführung«

1. Aufl. 2005. 420 S. €
€ 14,–. dtv 50879

## Beruf und Karriere

*Haberzettl/Schinwald*
**Change Management**
Wie Sie Mitarbeiter an Veränderungen beteiligen.

1. Aufl. 2007. Rd. 200 S. €
Ca. € 12,50. dtv 50905
In Vorbereitung für Sommer 2007

*Neuhäuser-Metternich*
**Kommunikation im Berufsalltag**
Verstehen und verstanden werden.

1. Aufl. 1994. 300 S. €
€ 8,64. dtv 5869

*Bühring-Uhle/Eidenmüller/Nelle*
**Verhandlungs-management**
Intuition - Strategie - Effektivität.
Agieren Sie zielgerichtet und erfolgreich.

1. Aufl. Rd. 250 S.
Ca. € 13,50. dtv 50640
In Vorbereitung

*Mentzel*
**Rhetorik**
Sicher und erfolgreich sprechen.
Bausteinsystem für die Vorbereitung und Durchführung eines Vortrags. Zahlreiche Übungen, um die vorgestellten Regeln und Empfehlungen im Einzel- oder Gruppentraining zu vertiefen.

1. Aufl. 2000. 228 S. €
€ 8,44. dtv 50845

*Weisbach*
**Gekonnt kontern**
Wie Sie verbale Angriffe souverän entschärfen.
Gewußt wie: Gekonnt kontern ist weniger eine Frage der Spontaneität als vielmehr der Ausdruck guter Vorbereitung. Die wichtigsten Tipps finden Sie hier.

1. Aufl. 2004. 197 S. €
€ 9,–. dtv 50885

*Jeske*
**Erfolgreich verhandeln**
Grundlagen der Verhandlungsführung.

1. Aufl. 1998. 238 S. €
€ 8,64. dtv 50824

*Nückles/Gurlitt/Pabst/Renkl*
**Mind Maps und Concept Maps**
Visualisieren, Organisieren, Kommunizieren.
Mit Lern- und Arbeitstechniken das individuelle und kooperative Wissensmanagement auf einfache wie effektive Weise unterstützen.

1. Aufl. 2004. 162 S. €
€ 9,50. dtv 50877

*Mentzel*
**Kommunikation**
Grundlagen der Kommunikation: Mit anderen sprechen – Gespräch, Verhandlung, Moderation, Smalltalk.
Vor anderen sprechen – Sachvortrag, Präsentation, Gelegenheitsrede.
Visualisierung – Der Körper spricht immer mit.

1. Aufl. 2007. 301 S.
€ 10,–. dtv 50869

*Breger/Grob*
**Präsentieren und Visualisieren**
... mit und ohne Multimedia.

1. Aufl. 2003. 265 S. €
€ 11,–. dtv 50855

## Beruf und Karriere

*Haberzettl/Birkhahn*
**Moderation und Training**
Ein praxisorientiertes Handbuch.
Das Buch zeigt eine Auswahl hocheffektiver Methoden des NLP und anderer Verfahren so, dass sie unmittelbar anwendbar und sofort umsetzbar sind.

1. Aufl. 2004. 288 S. €
€ 12,50. dtv 50866

*Klotzki*
**Wie halte ich eine gute Rede?**
In 7 Schritten zum Publikumserfolg.

1. Aufl. 2004. 116 S. €
€ 8,–. dtv 50873

*Baumert*
**Professionell texten**
Grundlagen, Tipps und Techniken.

2. Aufl. 2007. Rd. 220 S. €
Ca. € 10,–. dtv 50868
In Vorbereitung für Sommer 2007

*Briese-Neumann*
**Erfolgreiche Geschäftskorrespondenz**
Perfektion in Form und Stil. Dieser Ratgeber liefert das Handwerkszeug für professionelle Korrespondenz und für das Texten generell.

2. Aufl. 2001. 303 S. €
€ 10,–. dtv 5878

*Briese-Neumann*
**Optimale Sekretariatsarbeit**
Büroorganisation und Arbeitserfolg.
Ein Leitfaden für Chefs und Sekretariatsmitarbeiter.
Mit Checklisten, Tipps und Beispielen.

1. Aufl. 1998. 308 S. €
€ 10,17. dtv 50804

*Barth*
**Telefonieren mit Erfolg**
Die Kunst des richtigen Telefonmarketing.
Dieser Berater führt in die Grundlagen der Kommunikation ein. Bewährte Methoden und Tricks werden ebenso vorgestellt wie kluge Fragetechniken.

2. Aufl. 2005. 137 S. €
€ 7,50. dtv 50846

*Schäfer*
**Business English**
Wirtschaftswörterbuch Englisch – Deutsch / Deutsch – Englisch.
Mit rd. 36000 Stichwörtern alle wichtigen grundlegenden Begriffe der englischen und deutschen Wirtschaftssprache.

1. Aufl. 2006. 859 S. €
€ 19,50. dtv 50893

*Kunz*
**Vom Mitarbeiter zur Führungskraft**
Die erste Führungsaufgabe erfolgreich übernehmen.
Hinweise, Tipps und praktische Hilfen zeigen, wie man sich auf die neue Rolle als Teamleiter vorbereiten kann – im Zeitraum von der Entscheidung bis zur ersten Ausübung der neuen Führungsaufgabe und den „ersten 100 Tagen" im neuen Job.

1. Aufl. 2007. 330 S. €
€ 12,50. dtv 50913

P147780-525.2

## Beruf und Karriere

*Assig*

**Frauen in Führungspositionen**

Die besten Erfolgskonzepte aus der Praxis.

*»Warum Frauen in der Wirtschaft zunehmend gefragt sind – nein, besser: wären? Dorothea Assigs Buch führt eine ganze Reihe von Argumenten auf – nicht aus der Hüfte geschossen, sondern wissenschaftlich fundiert.«*

Süddeutsche Zeitung

1. Aufl. 2001. 252 S. €
€ 10,–. dtv 50849

*Zeichenerklärung:*
*§ Rechtsberater*
*€ Wirtschaftsberater*

## Arbeitsrecht

**ArbG · Arbeitsgesetze**

mit den wichtigsten Bestimmungen zum Arbeitsverhältnis, KündigungsR, ArbeitsschutzR, BerufsbildungsR, TarifR, BetriebsverfassungsR, GleichbehandlungsR und VerfahrensR.
Mit dem neuen WissZeitVG.
Stand: 1.7.2007.

Textausgabe.
71. Aufl. 2007. Rd. 850 S.
Ca. € 7,–. dtv 5006
In Vorbereitung für Oktober 2007

**EU-ArbR · EU-Arbeitsrecht**

Richtlinien und Verordnungen der Europäischen Union dominieren in zunehmendem Maße das nationale Arbeitsrecht. Dieser Band enthält alle einschlägigen Vorschriften mit Querverweisen auf die Textausgabe »ArbG«, dtv 5006 (siehe oben).

Textausgabe.
2. Aufl. 2004. 467 S.
€ 11,–. dtv 5751

*Schaub*

**Arbeitsrecht von A–Z**

Rund 650 Stichwörter zum aktuellen Recht mit den Arbeitsmarktreformen. Aussperrung, Befristung von Arbeitsverträgen, Betriebsrat, Gewerkschaften, Jugendarbeitsschutz, Kündigung, Mitbestimmung, Elternzeit, Ruhegeld, Streik, Tarifvertrag, Teilzeitarbeit, Zeugnis u.a.m.

17. Aufl. 2004. 1097 S. §
€ 14,50. dtv 5041

*Hromadka*

**Arbeitsrecht für Vorgesetzte**

Rechte und Pflichten bei der Mitarbeiterführung.
Der umfassende Leitfaden für den Arbeitsalltag.

1. Aufl. 2007. 421 S. §
€ 15,–. dtv 50648

*Notter/Obenaus/Ruf*

**Arbeitsrecht in Frage und Antwort**

Fragen und Antworten rund um das Arbeitsverhältnis.

1. Aufl. 2004. 348 S. §
€ 10,–. dtv 50629

## Arbeitsrecht

*Schaub/Rühle*

**Guter Rat im Arbeitsrecht**

Für Arbeitgeber und Arbeitnehmer.
Eine praxisnahe Übersicht über das gesamte Arbeitsrecht mit zahlreichen Mustern und Beispielsfällen.

3. Aufl. 2003. 889 S. §
€ 14,–. dtv 5600

*Gragert*

**Arbeitsrechtliche Gleichbehandlung**

Das Antidiskriminierungsrecht im Arbeitsalltag.

1. Aufl. 2007. 155 S. §
€ 9,–. dtv 50655

**SGB III · Arbeitsförderung**

mit SGB II (Hartz IV), Arbeitslosengeld II VO, AltersteilzeitG, BeschäftigungsVO und weiteren wichtigen Vorschriften.

Textausgabe.
11. Aufl. 2006. 435 S.
€ 10,–. dtv 5597

*Schaub*

**Rechte und Pflichten als Arbeitnehmer**

Anbahnung und Abschluss des Arbeitsvertrages sowie seine Beendigung, Rechte und Pflichten, der Einfluss des Betriebsrats, Betriebsnachfolge, Sonderrechte.

9. Aufl. 2007. 616 S. §
€ 16,–. dtv 5229

*Schulz*

**Kündigungsschutz im Arbeitsrecht von A–Z**

Alle wesentlichen Fragen zum Thema »Kündigung und Kündigungsschutz« in rund 400 Stichwörtern beantwortet.

4. Aufl. 2007. Rd. 300 S. §
Ca. € 10,–. dtv 5070
In Vorbereitung für Sommer 2007

*Schaub/Künzl*

**Arbeitsgerichtsverfahren**

Rechte · Pflichten · Verfahren · Instanzen.
Klagearten, Klageerhebung, Güteverhandlung, Vertretung durch Anwalt, Rechtsmittel, Vollstreckung, Einstweilige Verfügung, Beschlussverfahren, Kosten.

7. Aufl. 2004. 475 S. §
€ 14,–. dtv 5205

*Wetter*

**Ärger im Betrieb**

Hilfestellung bei Abmahnung und Kündigung, Mobbing und allen weiteren Problemen am Arbeitsplatz.

2. Aufl. 2004. 207 S. €
€ 9,–. dtv 50606

P147780-527.7

## Arbeitsrecht

*Schaub/Kreft*

**Der Betriebsrat**

Wahlen – Organisation – Rechte – Pflichten.
Wahl und Organisation des Betriebsrats, Mitbestimmung in sozialen und personellen Angelegenheiten, Beteiligung des Betriebsrats in wirtschaftlichen Angelegenheiten, Verfahren nach dem BetrVG, neueste höchstrichterliche Rechtsprechung.

8. Aufl. 2006. 636 S. §
€ 18,–. dtv 5202

*Schulz*

**Alles über Arbeitszeugnisse**

Zeugnissprache, Haftung, Rechtsschutz.
Arbeitszeugnisse beeinflussen maßgeblich die Entscheidung über Erfolg oder Misserfolg einer Bewerbung. Der Ratgeber behandelt nicht nur Rechtsfragen, sondern gibt auch Einblick in die »Geheimsprachen« und die Möglichkeiten zu ihrer Entschlüsselung.
Mit Zeugnismustern und Beispielen.

7. Aufl. 2003. 189 S. §
€ 9,50. dtv 5280

*Wetter*

**Der richtige Arbeitsvertrag**

Die wichtigsten Rechtsfragen bei Vertragsabschluss und späteren Änderungen.
Mit Vertragsmustern und Gesetzestexten im Anhang.

3. Aufl. 2000. 117 S. §
€ 5,88. dtv 50607

*Schmidt*

**Freie Mitarbeit – Ehrenamt – Minijob von A–Z**

Rechtslexikon zu den arbeits-, steuer- und sozialversicherungsrechtlichen Fragen bei der Ausübung eines Ehrenamtes, einer Nebentätigkeit, einer Tätigkeit als freier Mitarbeiter oder Ein-Personen-Unternehmer.

2. Aufl. Rd. 390 S. §
Ca. € 13,50. dtv 5678
In Vorbereitung

*Hansen/Kanstinger*

**Zeitarbeit von A–Z**

Fachbegriffe, Zusammenhänge, Checklisten.
Die übersichtliche und handliche Informationsquelle zur Zeitarbeit in Deutschland, die das breite inhaltliche Spektrum sachlich, kurz, prägnant und verständlich wiedergibt.

1. Aufl. 2001. 152 S. §
€ 8,50. dtv 50850

*Rittweger*

**Altersteilzeit**

Mit Beispielen, Faustformeln und Vertragsmustern.

1. Aufl. 2001. 233 S. §
€ 11,50. dtv 5636

**BeamtR · Beamtenrecht**

BundesbeamtenG, BeamtenrechtsrahmenG, BundesbesoldungsG, BeamtenversorgungsG, BundesdisziplinarG, Beihilfevorschriften und weitere Vorschriften des Beamtenrechts.

Textausgabe.
22. Aufl. 2006. 525 S.
€ 9,–. dtv 5529

**TVöD/TV-L · Tarifrecht öffentlicher Dienst Bund, Kommunen, Länder, TV-Ärzte**

TVöD, TV-L, TVAöD, TVA-L, TV-Ärzte.

Textausgabe.
2. Aufl. 2007. 821 S.
€ 12,–. dtv 5768

*Zeichenerklärung:*
*§ Rechtsberater*
*€ Wirtschaftsberater*

P147780-528.7